KB267267

이은진의
에스파냐 이야기

스페인을 만나면 인생이 노래가 된다

1990년대 초여름, 처음 마드리드의 그란비아 거리를 걸었을 때의 기억은 지금도 선명하다. 7월의 태양을 품은 온도는 40도에 육박했고, 뜨거운 아스팔트 위로 피어오르던 열기가 온몸을 젖게 했지만 그 뜨거움은 스무 살 청춘의 숨결과도 같았기에 힘들지 않았다. 오히려 숨이 막힐 만큼 뜨거운 거리 위에서도, 사람들의 여유로운 미소와 삶을 대하는 태도는 내 마음을 단번에 사로잡았다. 그란비아의 한 레스토랑 주인은 카페테리아의 열기를 식히기 위해 거리에 물을 뿌리고 있었다. 빳빳하고 하얀 식탁보가 덮인 카페의 투박한 탁자들은 유럽의 문화대국 스페인의 단정한 품위와 고유한 품격을 닮아 있었다.

낯선 도시에서 지도를 들고 길을 헤매던 나는 한 할아버지에게 길을 물었고, 그는 미소를 지으며 "따라오라"고 했다. 땀이 비 오듯 흐르던 한낮, 무려 40분을 걸어 국립인류학박물관까지 나를 안내해준 그분의 따뜻한 마음은 지금도 내 기억의 곳간에서 빛나고 있다. 그날, 언어와 국적은 아무 의미가 없었다. 다만 인간의 진심만이 서로를 이끌었다.

내겐 지금도 잊히지 않는 스페인의 또 다른 장면이 있다. 레이나 소피아 미술관에서 피카소의 게르니카 앞에 선 한 중년의 남자가 갓 두 돌 정도 지나 보이는 아들을 목마에 태우고, 그 거대한 그림을 아이에게 자세히 설명해주고 있었다. 아이는 그 뜻을 알 리 없었지만, 그 순간의 진지함과 애정 어린 모습은 나에게 깊은 울림을 주었다. 그 일을 계기로 스페인 친구들을 사귀면서, 문화와 예술이 그들의 삶 속에 얼마나 자연스럽고 가깝게 스며 있는지를 깨닫게 되었다.

한국으로 돌아온 후, 나는 '스페인 열병'에 걸렸다. 그 사랑은 내 인생의 중심이 되었고, 스페인과 관련된 일을 나의 사명으로 삼게 되었다. 그렇게 시작된 여정은 30여 년 동안 이어졌고, 수많은 사람들의 마음속에 스페인의 아름다움을 전하는 일이 내 삶의 노래가 되었다.

2019년, 스페인을 찾은 한국 방문객이 63만 명에 이르렀을 때 그 길 한가운데 내가 있었다는 사실은 나에게 크나큰 자부심이자 축복이었다. 그 오랜 노력의 시간은 마침내 펠리페 6세 국왕과 레티시아 오르티스 왕비의 한국 공식 방문이라는 역사적인 순간으로 이어졌다. 스페인과 한국이 문화와 우정의 가교로 이어지는 그날, 비로소 내가 걸어온 모든 길의 의미를 깊이 깨달았다.

이 책 『스페인을 만나면 인생이 노래가 된다』는 스페인과 함께 한 내 삶의 흔적을 모은 기록이다. 단순한 여행기가 아니라, 스페인과 맺은 인연, 그 속에서 만난 사람과 풍경, 그리고 내 마음의 여정을 담았다. 스페인의 햇살과 바람, 골목의 소리와 광장의 음악, 카페의 향기와 사람들의 미소가 이 책을 통해 독자 여러분께도 전해지기를 바란다.

원고를 정리하는 동안 스무 살의 설렘과 초심이 다시금 내 안에서 깨어났다. 인간은 남보다 더 노력하지 않고서 남보다 더 훌륭해질 수가 없다고, 자유와 정의를 위해서라면 자신의 목숨까지 바쳐야 한다는 세르반테스의 가르침은 내 인생의 나침반이 되어, 내가 걸어온 스페인의 길을 더욱 빛나게 밝혀주었다. 견디기 힘든 절망의 시대를 살지라도 한 번뿐인 인생을 자유롭고 명예롭게 살아야 한다는 세르반테스의 말처럼, 그리고 스페인에서 내가 배운 그 뜨거운 삶의 태도처럼, 이 책을 읽는 독자 여러분의 인생에도 자신만의 노래가 흐르길 바란다.

2026년 1월 이 은 진

스페인 레티시아 오르티스 로카솔라노(Letizia Ortiz Rocasolano) 왕비가
저자에게 고마움을 전하기 위해 친필 서명해 보내온 사진

"Para Eunjin Lee, con mi afecto."

(이은진님께, 나의 따뜻한 마음과 애정을 담아)

이은진 작가의 스페인 에세이 『스페인을 만나면 인생이 노래가 된다』를 추천하게 되어 진심으로 기쁩니다.

이 책은 스페인의 영혼을 섬세하고 깊이 있게 담아냅니다. 이 책을 통해 독자는 풍경과 도시뿐 아니라 스페인을 정의하는 문화적, 역사적, 그리고 인간적 본질을 탐구하게 됩니다.

이은진 작가는 26년 넘게 한국과 스페인을 잇는 중요한 가교 역할을 해왔으며, 특히 관광과 문화 교류 분야에서 양국 국민 간의 이해와 친밀감을 증진해 왔습니다. 이러한 문화 간 교류에 대한 그녀의 헌신은 책의 각 장마다 분명하게 드러나고 있습니다.

이은진 작가는 신선한 관점과 진정성이 가득 한 작품으로, 스페인의 전통, 가치관, 그리고 감정을 한국 독자와 전 세계 독자에게 더욱 가까이 전달하며 국경을 초월하는 열정적인 이야기를 엮어냅니다.

이은진 작가의 『스페인을 만나면 인생이 노래가 된다』는 단순한 여행 안내서가 아니라, 함께 나누는 풍부한 문화적 경험에 대한 진심 어린 헌사입니다. 이는 각국 국민과 그 너머의 사람들을 유럽 전체와 연결하는 다리 역할을 하는 문화의 힘을 보여주는 증거입니다. 한국과 스페인 양국의 독자들이 이 책을 많이 읽기를 희망합니다.

유럽연합 주한 EU대사
마리아 카스티요 페르난데스

PART **1**

시간의 궤적
역사와 예술로 읽는 스페인 정신

PART 2

공간의 미학
열정과 낭만이 흐르는 도시 기행

GALICIA
ASTURIAS
CANTABRIA
BASQUE COUNTRY
NAVARRE
CATALONIA
CASTILE AND LEON
ARAGON
MADRID
EXTREMADURA
CASTILLA-LA MANCHA
VALENCIAN COMMUNITY
MURCIA
ANDALUSIA

Hola!
España

시간의 궤적
역사와 예술로 읽는 스페인 정신

문화와 예술의 나라
/ 스페인

유럽대륙의 끝자락에 있는 스페인에 대한 한국인들의 관심이 증가하고 있다. 올해 5월 스페인을 방문한 한국인들의 수가 6만 7,000여 명으로 통계를 취합한 이래 월간 최대치를 기록했다는 보도가 일제히 언론에 나오고 있다. 이처럼 한국 사람들이 스페인에 대해 다른 국가들에 비해 더 많은 관심을 보이기 시작했다. 서로 자주 교류해서 지구 반대편 두 나라가 서로 가까워지고 이해도가 높아진다면, 생각하지 못한 비즈니스와 여러 가지 가능성이 열리게 된다.

우리는 스페인에 대해서 얼마나 잘 알고 있을까? 스페인은 우리와 닮은 점이 많다. 두 나라 모두 반도이고 좌우 이념의 치열한 대립과 내전을 겪은 후 오랜 기간 군사정권이 집권하였다가 민주화를 이뤄내고 OECD 선진국 반열에 오른 점에서 비슷한 역사적 궤적을 가진다. 2025년을 기준으로 명목 GDP는 스페인이 12위, 한국이 13위이다.

여러모로 비슷한 덕분인지 양국 간 교류도 폭발하고 있다. 2019년에는 63만 명이 넘는 한국인이 스페인을 방문했고, 3만 명 이상의 스페인 사람이 한국에 왔다. 2019년 스페인의 펠리페 국왕 부부가 방한하고, 2022년 우리나라의 윤석렬 대통령이 스페인을 국빈 방문을 하기도 했다. 양국 간 활발한 교류를 통해서 이제 서로의 문화에 대해서 친숙하게 느끼곤 한다. 스페인에서는 BTS로 대표되는 K-POP, 한국산 자동차와 화장품 등 한류열풍이 불고 있고, 우리나라의 식탁에는 그들의 일상적인 먹거리인 파에야, 하몬이 오르게 되었다.

아무튼, 한국 사람에게 스페인 하면 가장 흔히 떠올리는 단어는 시에스타와 투우와 같은 것들일 것이다. 스페인 사람들은 게으르고 낮잠을 자는 민족이라는 식이다. 시에스타Siesta는 라틴어로 일과의 여섯 번째 시간을 말하는 것으로 오후 무렵 휴식을 취하는 로마 시대의 관습으로부터 왔다. 이 시에스타는 스페인에서 점차 사그라들거나 변형되고 있다. 2016년 스페인의 설문조사기관인 Simple Logica IOP의 조사 결과에 따르면, 약 60%의 스페인 사람들이 시에스타를 하지 않는다고 응답했다. 지금은 시에스타가 낮잠이라는 의미보다는 오히려 개인 용무를 처리하거나 조금 길게 쉬는 점심시간의 의미로 굳어지고 있다. 더구나, 고정관념과는 반대로 스페인 사람들의 연평균 근로시간은 1,687시간으로 인접한 유럽 국가 중에서 최상위에 속한다. 시에스타를 낮잠이라는 게으름 대신 스페인 사람 특유의 느긋함으로 받아들이는 건 어떨까?

스페인을 투우를 사랑하는 동물 학대 국가라고 비난하기도 한다. 동물복지의 천국답게 스페인에는 동물보호당PACMA이 있는데, 이 단체를 중심으로 투우가 야만적 풍습이냐 전통이냐에 대한 논쟁이 계속됐다. 원래 투우는 스페인 이외 프랑스, 포르투칼, 멕시코 등 남미 일부 국가 등 세계 여러 나라에서 이루어지는 풍습이기도 했는데, 스페인 내에서는 폐지하는 쪽으로 기울고 있다. 스페인의 칼론헤Calonge와 같은 일부 도시들을 시작으로 점차 법적으로 금지하는 추세이다. 정치에 환멸을 느끼는 우리 같으면 동물당이면 다음에는 식물당 나오겠다는 비아냥을 들을 법하지만, 문화적 다양성을 중시하는 스페인에서는 전통과 동물보호라는 문제 사이에서 충분히 논의 가능한 주제로 받아들여진다.

멀고도 가까운 나라. 잘 아는 것 같지만 잘 모르는 나라인 스페인의 문화 속으로 들어가 보자.

• 코랄 데 라 모레리아의 플라멩코 따블라오(Corral de la Morería flamenco tablao)는 세계 최고의 플라멩코 따블라오 상과 프라도, 티센, 레이나 소피아 미술관과 함께 수여된 마드리드 시장상을 수상한 마드리드의 가장 상징적인 장소 중 하나로 간주된다. 예술계, 정치계, 사회계, 문화계, 스포츠계의 거장들이 가장 많이 찾는 무대이다.

- 티센-보르네미사 미술관은 13세기부터 20세기까지 서양화의 역사를 살펴볼 수 있는 천여점의 작품이 전시되어 있다. 1층 왼편에는 17~20세기 서양미술을 즐기는 또 다른 방법, 카르멘 티센 컬렉션이 열리고 있다.

파블로 피카소를
낳은 나라
문화강국 스페인

● 파블로 피카소 스페인 관광청 제공

30년 전, 필자는 혼자 유럽 여행을 하던 중 스페인의 국립 레이나 소피아 미술관에서 평생 잊지 못할 작품을 접했다. 피카소의 그림 <게르니카>이다. 그림의 크기에 압도당했고, 무채색의 거친 색감과 사물을 독특한 구도로 추상적으로 표현한 방식은 교과서에서만 보던 것과는 완전히 달랐다. 마침 옆에서 스페인 아빠가 돌이 막 지난 아들을 목말 태우고 이 그림에 대해 부지런히 설명해 주던 모습이 인상적이었다. 스페인 친구들을 사귀면서 그들의 예술적인 자부심이 남달랐는데, 아마도 어릴 때부터 그들의 삶 속에 예술이 깊숙이 들어와 있기 때문일 것이다.

피카소는 숫자로 우리를 놀라게 한다. 평생 회화 등 5만 점이 넘는 예술 작품을 남겼다. 다작 못지않게 그의 작품 가격은 상상을 초월한다. 2015년 뉴욕 크리스티 경매에서 '알제의 여인들'1955년 작이 1억 7,937만 달러, 우리 돈으로 무려 2,409억 원에 낙찰되어 미술품 경매 사상 최고가를 기록하였다. 참고로 우리나라에서 가장 비싼 미술품인 김환기의 '우주'1971년 작는 132억 원에 팔렸다.

피카소는 미술사에서 큰 의미를 지닌다. 그로 인해 20세기의 입체파가 시작되었고, 이러한 새로운 예술적인 흐름은 우리가 사는 21세기에도 계속되고 있다. 그는 기존 미술의 정해진 틀을 벗어났고, 91세로 타계하기 전까지 끊임없이 다양한 접근 방식을 시도했다는 점에서 위대한 예술가였다.

그가 했던 말이었다. 평생 어린아이의 순수함과 감성을 잃지 않으려 애썼던 피카소. 올해는 그의 서거 52주년이다. 스페인에서만 피카소의 삶과 관련된 도시인 말라가, 마드리드, 바르셀로나, 라코루냐, 빌바오 등의 주요 박물관에서 16개의 전시회가 열린다. 가히 추모 열풍이다. 한 사람의 위대한 거장은 죽어서도 전 세계에 영향을 미친다. 피카소와 같은 천재 예술가를 배출하기 위해서는 무엇보다도 예술적인 토양이 핵심이다. 피카소가 어린 시절부터 엘그레코와 벨라스케스 등 스페인 거장들의 작품을 감상하면서 예술적 영감을 키워왔다는 건 잘 알려진 사실이다. 그리고, 2019년 기준으로 스페인의 유네스코UNESCO 세계유산은 47개로 세계 3위를 차지하였다. 이처럼 원래 문화유산에 대한 토양이 두텁다.

우리나라는 어떨까? 2025년을 기준으로 우리나라와 스페인의 GDP는 비슷하지만, 우리나라의 세계유산 수는 17개로 세계 16위에 그친다. 경제적으로 풍요하고, 명실공히 선진국 반열에 올랐으니 우리 문화예술의 우수성을 계발하고 세계에 알리는 데 더 부지런히 움직여야 한다. 문화예술은 한가한 놀음이 아니라 그 나라의 정신이다. 아울러, 경제 활력 제고를 위한 돌파구가 될 수 있음을 인식해야 한다. K-POP 이외에 전통문화나 다른 예술적인 분야에서도 말이다.

- 피카소가 어린 시절을 보낸 라코루냐에는 오르잔 해변, 헤라클레스의 탑, 로사리아 데 카스트로 극장 등 피카소가 즐겨 놀았던 장소들이 있다. 특히 사진 오른쪽에 보이는 헤라클레스의 탑은 세계에서 가장 오래된 등대로서 로마시대에 만들어졌고, 지금도 등대로서 기능하고 있다. 스페인 관광청 제공

-- 200점 이상의 작품을 소장한 말라가 피카소 미술관(Museo Picasso Málaga)은 안달루시아 르네상스 건축 양식의 대표적인 건물인 부에나비스타 궁전에 위치해 있다. 스페인 관광청 제공

스페인을
위기에서 구한 영웅

엘 시드

• 엘 시드가 1094년부터 1099년까지 영주로 있었던 발렌시아의 시내 모습. 스페인 관광청 제공

> 기도하고, 미사를 드린 후 그들은 출발합니다.
> 엘 시드는 잠시 머물러 히메나를 그의 마음에 새깁니다.
> 히메나는 슬픔에 잠겨 그의 손에 키스했습니다.
>
> 엘 시드는 딸들을 바라보며
> "이들을 하나님께 맡깁니다"라고 읊조립니다.
> 마치 손톱이 떨어져 나가듯이
> 이별의 고통은 날카로웠습니다.

이 구절은 1207년 발표된 가장 오래된 스페인어 구전 문학작품이자 3,000여 행에 걸친 장편 서사시인 <엘 시드의 노래>의 한 부분이다. 주인공 엘 시드가 부인 히메나와 딸들을 남겨두고 전장으로 향하는 모습을 묘사하고 있다.

우리나라에 이순신이 있다면 스페인에는 엘 시드가 있다. 카스티야의 귀족 로드리고 디아스 데 비바르Rodrigo Diaz de Vivar. 엘 시드는 실존 인물이다. 그는 스페인이 이슬람 세력에게 빼앗긴 영토를 되찾는 과정인 '국토수복전쟁 레콩키스타, Reconquista'에서 가장 뛰어난 장군이자 영주였다.

엘 시드는 스페인의 모체가 된 카스티야 왕국의 국왕인 알폰소 6세로부터 모함을 받아 파문당했다. 그는 1094년 무어인들과의 전투에서 발렌시아에 대한 지배권을 되찾고 영주로 올라섰지만, 1099년 무라비트 왕조와의 전투에서 전사하였다.

엘 시드의 노래는 무어인들과 싸우는 엘 시드의 용기, 군주에 대한 충성심, 가족에 대한 따뜻한 사랑, 기독교로 개종하지 않으려는 무어인 포로들에게 보여준 관대함 등을 잘 묘사한다. 보통의 서사시는 초인적이며 과장되게 주인공을 그리지만, 작자가 알려지지 않은 이 작품은 사실에 기초하였고 엘 시드의 따뜻한 면모를 잘 나타낸다. 이 작품에서 나타난 대로 국토수복전쟁에서 무작정 무어인들을 죽이거나 차별하지 않았던 '공존 콘비벤시아, Convivencia'의 정신이 오늘날 스페인 사람들에게도 이어진다. 스페인에 살면서 경험하기로는 스페인 사람들은 외지인들에게 배타적이지 않고, 가족들의 유대를 중시하는 보편적인 정서를 가지고 있다.

엘 시드의 역사적인 생애를 그대로 따라가는 길이 2,000㎞의 관광 루트도 있다. 카스티야 이 레온, 카스티야 라만차, 아라곤 및 발렌시아 주州를 지나간다. 이 경로에는 고딕, 무어, 로마네스크 양식이 섞여 지어진 건축물이 많이 있고, 70개 이상의 자연 보호 구역과 세계유산이 있다. 꼭 한번 가볼 만하다.

• 11세기 엘 시드는 알폰소 6세로부터 파문을 당하고 그의 고향인
부르고스를 떠났다. 부르고스에 있는 엘 시드 동상. 스페인 관광청 제공

• 엘 시드가 거쳐 갔던 지역인 카스티야 이 레온 州의 로보스 강 협곡. 스페인 관광청 제공

　　우리도 이순신 길을 만드는 건 어떨까? 이순신의 '난중일기'도 <엘 시드의 노래>처럼 훌륭한 사실적 전쟁문학이고, 그의 역사적인 궤적이 우리에게 미친 영향도 크다. 이순신이 태어나고 자랐던 서울과 아산, 그리고 전쟁을 벌였던 옥포, 사천, 한산도 등 여러 지역의 역사적인 기념물과 콘텐츠를 연계하여 둘러보도록 한다면 자연스럽게 우리의 역사와 문화를 자랑스럽게 여길 것이다.

마드리드의

티센-보르네미사
국립미술관

스페인은 예술의 나라이다. 스페인에는 1,500개 이상의 미술관이 있다. 3대 미술관이라고 하면 프라도 국립미술관, 티센-보르네미사 국립미술관, 레이나 소피아 국립미술관을 꼽는다. 그중에서 티센-보르네미사 국립미술관의 흥미로운 설립 스토리를 소개한다.

마드리드 도심 한가운데 수백 년 된 나무들이 즐비한 유럽 최초의 가로수 거리인 파세오 델 프라도를 걷다 보면 '모두를 위한 박물관'이라는 표지판이 붙은 3층짜리 고풍스러운 건물을 만난다. 18세기에 지어진 궁전을 개조하여 만든 티센-보르네미사 박물관이다. 이 박물관에는 13세기부터 20세기에 이르는 약 1,000점의 회화를 소장하고 있다.

• 티센-보르네미사 국립미술관
•• 티센-보르네미사 국립미술관 전시실

독일의 철강 그룹인 티센 가家의 미술품 컬렉션이 왜 스페인까지 오게 되었을까? 독자들은 미술관 이름이 귀에 익을 것이다. 우리가 매일 타고 내리는 엘리베이터를 만드는 독일 회사인 그 티센이다. 고풍스러운 건물에 비해서 이 박물관의 역사는 길지 않다.

1947년 그룹 3세이자 막내아들인 한스는 부모로부터 대부분 재산과 미술품들을 물려받았다. 그는 패전 독일의 혼란스러운 상황에서 형제자매들이 경매에 팔아버린 미술품을 추가로 구매하여 선대의 컬렉션을 재건한다. 한스는 친구인 데이비드 록펠러우리가 알고 있는 미국의 석유 재벌인 록펠러의 손자의 영향을 받아 현대 미술작품을 더 사 모으고 영원히 전시할 방안을 찾는다. 티센 컬렉션은 개인 컬렉션으로는 영국 황실 다음에 가는 규모였기 때문에 영국과 스페인 정부, 독일의 여러 도시가 응모하였다. 1988년 스페인 정부는 마드리드에서 가장 아름다운 신고전주의 건물인 비야에르모사 궁전을 미술관으로 제공하고, 재단을 설립할 것을 약속하였다. 한스는 스위스에 있던 모든 컬렉션을 가장 좋은 조건을 제시했던 스페인으로 옮긴다. 티센은 1993년 작품 775점을 3억 5천만 달러라는 헐값에 스페인 정부에 넘긴다.

우리는 미술이나 예술이라고 하면 부유한 사람들의 취미라고 생각하기도 한다. 엄청난 부자인 티센이나 록펠러처럼 말이다. 하지만, 한스 티센은 예술의 긍정적인 기능을 다음과 같이 말한다.

예술은 모든 사람에게 통하는 언어다. 우리나라에서도 故 이건희 회장이 타계하면서 남긴 이건희 컬렉션이 화제다. 어떤 사람들은 삼성가에서 사회적 기여 차원뿐 아니라 상속세 부담을 줄이기 위해 미술품을 기증하였다고 말하기도 한다. 하지만 모든 사람이 즐길 수 있는 미술 인프라가 확대되므로 환영할만한 일이다.

참! 마지막으로 독자분들께 미술관 관람을 위해 가장 중요한 팁을 알려드린다. 고흐의 레 베스노 마을, 드가의 초록 옷을 입은 무용수들, 르누아르의 정원에서의 파라솔을 든 여인, 루벤스의 비너스와 큐피드 등을 꼭 감상하시기 바란다. 호퍼의 호텔 룸, 몬드리안의 Composition in Colours, 리히텐슈타인의 욕조 속의 여인, 피카소의 거울을 보고 있는 어릿광대, 달리의 주변을 날아다니는 한 마리 꿀벌에 의해 야기된 꿈 등 현대미술도 작품도 유명하다. 티센-보르네미사 미술관은 1월 1일, 5월 1일, 12월 25일을 제외하고는 연중무휴다. 관람료는 13유로로 약 22,000원이다. 교사 및 청소년, 그리고 모두를 위한 박물관답게 실업자와 장애인은 무료이다.

● 한스 하인리히 티센-보르네미사 남작
티센-보르네미사 국립미술관 소장

●● 1992년 10월 8일, 티센-보르네미사 미술관 개관식
티센-보르네미사 국립미술관 소장

• 살바도르 달리 <주변을 날아다니는 한 마리 꿀벌에 의해 야기된 꿈> 1944. 티센-보르네미사 국립미술관 소장

한국인은 왜
산티아고 순례길에 열광하는가?

 산티아고 순례길은 좋다. 이 순례길은 자연, 문화유산, 역사, 종교가 모두 버무려진 길이다. 1993년 유네스코에 의해서 세계 최초의 순례길로 세계문화유산으로 등재되었다. 2023년을 기준으로 한국인은 외국인 순례자 순위에서 무려 8위를 차지하고 있다. 모두 5,060명이 다녀갔다. 스페인 사람들조차 동양의 먼 나라에서 왜 이렇게 많은 순례자가 오느냐고 궁금해한다. 산티아고 순례길 사무처에 의해 공인된 길은 모두 9개이다. 가장 많이 알려진 대중적인 루트 3개를 소개한다.

스페인 내륙을 통과하는 총연장 930㎞의 가장 긴 길인 프랑스 길. 쏭뽀흐나 론세스 바예스가 출발점이다. 로그로뇨, 부르고스, 레온 같은 도시가 있다. 스페인 와인 등급에서 최고등급을 받은 리오하 와인의 산지인 라 리

오하를 지나가므로 꼭 와이너리에 들러야 한다. 약 5억 명이 모국어로 쓰는 스페인어의 발상지인 유소Yuso 수도원도 있다. 1997년 유네스코 세계유산으로 지정된 곳이다.

칸타브리아 해를 따라가는 총길이 825㎞의 북쪽 길. 산 세바스티안에서 출발한다. 산탄데르, 히혼, 리바데오 등이 가는 길에 있다. 산 세바스티안의 라 콘차 해변에 들르고 빌바오의 구겐하임 박물관을 가보시라. 코미야스에는 우리에게 바르셀로나 성 가족 성당으로 유명한 가우디가 디자인한 건물인 엘 카프리쵸가 있다. 산티야나 델 마르에 있는 알타미라 동굴 유적지도 방문해봐야 한다. 14,000년 전 인류가 최초로 그린 암벽화가 그대로 보존되어 있다.

• 산 세바스티안 라 콘차 해변에 있는 바람의 빗(The Comb of the Wind) 조형물(작가 에두아르도 칠리다). 해변 끝쪽에 있으며, 파도가 바위에 격렬하게 부딪히는 날에는 마치 바람이 금속조각 형상에 '빗질'되는 것 같다.

● 산티야나 델 마르 새벽 골목길 풍경. 아무도 가지 않은 길을 걷는 신성한 느낌이다.

● 아빌레스 종합시장 수산물 코너. 칸타브리아해를 접하고 있는 북쪽 길에는 수산물이 풍부하다.
●● 갈리시아 대표요리인 뿔뽀 아 페이라와 거북손. 스페인 관광청 제공

9세기에 성聖 야고보의 무덤이 발견되면서 개척되기 시작한 최초의 루트를 재현한 길인 최초의 길. 오비에도에서 시작해서 루고를 거쳐 산티아고 데 콤포스텔라까지 간다. 산티아고 3개의 순례길 중에서 가장 짧지만, 체력적으로 가장 힘들다. 최초의 길은 도시에서 멀고 사람이 덜 붐비는 곳에 있어서 순례길의 기원에 가장 가깝다. 루고에는 원형이 거의 그대로 보존된 세계 유일의 로마 시대 성벽이 있다. 한국의 문어 요리와 비슷해서 우리 입맛에 맞는 갈리시아 전통 문어 요리인 뽈뽀 아 페이라를 맛보는 것도 괜찮다. 색다른 북부지방의 맛을 느끼려면 거북손percebes에 도전해 보자. 정말 거북이의 손처럼 생겼는데, 입에 넣는 순간 바닷냄새가 확 올라온다.

이 순례길을 어떤 방법으로 갈 수 있을까? 보통 걷는다. 하염없이 걷는다. 처음에는 경치도 구경하고 지나가는 사람들과 인사도 한다. 재미있다가 점점 터덜터덜 지친다. 나중에는 힘들어서 무념무상의 경지에 다다르게 된다. 심지어 걷는다는 사실도 잊어버린다. 이런 느낌을 찾기 위해서, 현실 세계의 번잡함을 모두 떨치려고 일부러 걷는다는 사람들이 많다.

힘에 부치는 관광객들을 위한 다른 순례 방법이 있다. 차량에 짐을 실어 보내고 걷다가 차를 타고 다음 목적지로 이동하기도 한다. 또 다른 색다른 방법으로 자전거를 타거나 말을 타고 간다. 생소하지만 순례길 사무국에서 공인한 다른 완주 방법으로 기차를 타고 가는 방법도 있다.

- 산티아고 데 콤포스텔라 성당의 청동으로 만든 대형 향로. 미사 때 불을 피우며, 무게가 60kg이 넘는다.
  오랜 여행으로 지친 순례자들의 영혼을 달래주고 냄새를 없애주는 역할을 한다.

- ● 모든 순례길의 종착지인 산티아고 데 콤포스텔라 성당과 오브라도이로 광장.
  모든 순례자가 이 한 지점으로 모여 완주를 축하한다.

또한 영국인들과 아일랜드인들이 12세기에 산티아고 데 콤포스텔라로 갈 수 있는 항로를 처음으로 개척한 길을 그대로 재현하여 배로 여행할 수도 있다.

산티아고 순례길의 모든 종착점은 산티아고 데 콤포스텔라 성당이다. 언덕 넘어 성당이 어렴풋이 보이면 모든 순례자가 감격에 겨워 울먹인다. 사무국에 들러 완주도장을 받는 순간까지 그 감동은 계속된다. 순례길에 첫발을 디딘 이유는 수만 가지가 넘겠지만, 길 위에서 흘린 땀이 헛되지 않았음을 느낀다. 스스로 더 성장했다고 믿게 된다.

산티아고 순례길은 신앙적 성찰을 통해 영성과 내면을 고양하는데 가치를 두는 사람이라면 더욱더 한 번 걸어볼 가치가 있다. 저자가 느낀 산티아고 순례길에 대한 단상斷想이다.

스페인의 아픈 현대사와 / 전몰자의 계곡

● 전몰자의 계곡 전경. 큰 십자가 아래 추모시설이 보인다. 스페인 국가유산관리청 제공

헤밍웨이, 조지 오웰, 생텍쥐페리, 앙드레 말로, 파블로 네루다… 이들의 공통점은 무엇일까? 모두 유명 문학가로서 스페인 내전에 참전했다. 우리에게 6.25가 있다면 스페인에는 스페인 내전이 있다. 스페인 내전은 스페인사람들에게 아픈 현대사의 한 장면이다. 1936년 프랑코가 아프리카 모로코에서 직속 부대를 이끌고 독일 히틀러의 공군기의 도움을 받아 스페인 본토로 진격하는 쿠데타를 일으키면서 발발했다. 3년간 전쟁을 거쳐 1939년 프랑코의 왕당파가 내전에서 승리하였다. 스페인 내전의 결과물로 약 57만 명의 생명이 사라졌고, 무려 36년 동안 군사독재가 이어졌다.

한편, 스페인사람들에게 스페인 내전은 금기시되는 주제다. 과거를 묻지 말자는 사회적 합의인 '침묵의 조약 Pacto del silencio, 망각의 조각이라고도 한다' 때문이다. 프랑코 사후 스페인 내전으로 인한 국론분열을 막고, 미래를 바라보고 가자는 것이다. 다만, 스페인사람들은 다른 방법으로 그 비극을 기억하려 한다. 일종의 다크 투어리즘dark tourism이다. 다크 투어리즘은 어두운 과거나 비극적 역사를 주제로 하는 관광이다. 나치즘의 유대인 학살 흔적을 그대로 보존해놓은 폴란드의 아우슈비츠 수용소나, 일제 강점기 만행을 재현한 우리나라의 서대문 형무소가 대표적인 장소이다.

스페인 내전과 독재자 프랑코와 관련된 대표적인 다크 투어리즘 코스는 전몰자의 계곡Valle de Cuelgamuros이다. 프랑코는 내전에서 승리한 후 국립

묘지인 전몰자의 계곡을 만든다. 자신의 권력을 과시하고 내전에서 전사한 왕당파 쪽 군인들을 추모하기 위해서 19년 동안 투옥된 공화파 정치범들을 공사에 동원하였다. 프랑코 자신도 1975년 사망 후 이곳에 안장되었다.

전몰자의 계곡도 시대가 바뀌면서 그 역사를 새로 쓰고 있다. 스페인의 페드로 산체스 총리가 2019년에 과거사 청산을 이유로 전몰자의 계곡에 있던 프랑코의 유해를 마드리드 북쪽의 민간묘지로 이장토록 하였다. 왕당파의 추억을 가진 보수세력이 파묘라고 반발하기도 했지만, 2022년에는 관련법을 만들어 내전에 참전했던 양측 모두를 추모하는 시설로 바꿨다.

전몰자의 계곡을 가는 법을 알려드린다. 전몰자의 계곡은 마드리드 북서쪽에 있으며, 도심에서 차량으로 약 50분 정도 걸린다. 대중교통은 없다. 입장료는 9유로 약 15,000원이다. 무려 400만 평이 넘는 넓은 부지에 스페인 각지에서 옮겨심은 나무가 울창하게 자라고 있다. 언뜻 보면 청정자연보호지역에 가깝다. 역사에 관심이 있거나 다크 투어리즘을 체험하고 싶은 분들께 추천한다.

전몰자의 계곡 산에서 바라본 마드리드 시내 쪽 광경. 해발고도 1,000m 이상 지역으로 쾌적하지만, 겨울철에는 추우므로 잘 껴입고 가야 한다. 스페인 국가유산관리청 제공

바르셀로나

• 바르셀로나 성 가족 성당 내부 모습. 성당의 천정과 스테인드 글라스를 보면 왜 가우디가
천재인지 실감한다. 우리나라의 김대건 신부도 성인으로 봉헌되어 있다.

바르셀로나는 스페인에서 두 번째로 큰 도시로 관광이 발달했다. 이베리아반도의 북동쪽에 있는 카탈루냐주에 속해 있는 바르셀로나는 프랑스 남부와 가깝고 지중해 연안을 접하고 있다. 이 도시는 19세기 말 모더니스트로 알려진 건축가들에 의해 스페인 건축 역사상 가장 상상력이 풍부했던 시대를 맞이하였고, 그 선두에 선 건축가는 안토니 가우디였다. 성 가족 성당, 구엘 공원, 카사 바트요, 카사 밀라 등 그의 문화유산들, 로마 시대의 성벽에서부터 무어인들이 지배했던 8세기 당시의 건축물과 유대인 지구부터 피카소 미술관까지 볼거리가 가득한 고딕-엘보른 지구까지 관광 인프라도 뛰어나다. 그 덕에 바르셀로나는 잘 산다. 스페인 통계청에 따르면, 2022년을 기준으로 스페인의 17개 광역자치단체 중에서 바르셀로나가 속한 카탈루냐주는 5번째로 잘 사는 지역이다. 특히, 바르셀로나는 한국인들이 가장 많이 방문하는 스페인 도시이기도 하다.

매력적인 바르셀로나를 관광할 때 주의해야 하는 곳도 있다. 시내 중심 엘 라발El Raval 지역이 범죄율이 높다. 엘 라발은 바르셀로나 현대 미술관과 라 람블라 거리, 그리고 라 보케리아 시장이 있는 번화가이다. 바르셀로나의 부동산 가격이 폭등하면서 부작용이 생겼다. 은행이 투기에 편승하여 부동산을 구입 후 오르기를 기다라면서 빈집으로 두거나, 세입자들이 집을 오랫동안 비울 때도 전혀 권리가 없는 사람들이 불법으로 그 집에 들어가서 사는 경우가 많다. 특히, 엘 라발 지역의 빈집이 마약굴narcopiso로 이용되기도 한다. 문제는 스페인의 법이다. 우리나라 같으면 주거침입으로 신고하면 해결될 일이지만, 스페인에서는 경찰에 신고해도 마약쟁이들을 바로 내보내지 못한다. 불법적인 마약매매나 투약행위가 있었음을 입증하는 법원 판결을 요구한다. 이 기간이 적어도 수개월이란다. 우리 상식으로는 이해하지 못할 법체계다. 주인이 쫓겨나고, 불청객이 안방을 차지하니 말이다. 대한민국이 살기 좋은 곳임을 실감한다.

바르셀로나와 관련하여 우리에게 잘 알려진 '축구 전쟁'이 있다. 수도 마드리드의 레알 마드리드팀과 바르셀로나의 FC 바르셀로나팀의 경기인 엘 클라시코의 열기를 빗댄 말이다. 사생결단 수준으로 경기하고, 응원도 그렇다. 바르셀로나 홈팀 경기에서는 바르셀로나가 카스티야 왕국에 합쳐 스페인 왕국이 된 해인 1714년을 기억하기 위해서 경기 시작 후 17분 14초가 되면 모두 일어서기도 한다. 2016년에는 카탈루냐 분리 독립 운동의 물결이 거셌다. 언어와 풍습이 다른 카탈루냐가 중앙정부에서 벗어나 독립국을 세우려는 움직임이다. 우리에게는 강자인 마드리드의 중앙정부가 약자인 카탈루냐를 억압하는 것으로 비치지만, 서울대학교 임호준 교수는 잘못된 정보에서 비롯되었음을 지적한다. 바르셀로나에서 출발한 카탈루냐는 자신들의 필요 때문에 아라곤 연합왕국 안에 들어가게 되었고, 그 후 아라곤 연합왕국이 자발적으로 카스티야 왕국과 통합하여 현재의 스페인에 이르게 된 것이라는 것이다. 무릇 세상사는 여러 이야기를 들어봐야 하고, 내 잣대로 판단해서는 안 된다.

- 몬세라트 수도원 전경. 수도원으로 걸어 올라가면 상술에 밝은 카탈루냐
  노점상들이 한국말로 "해바라기 씨"라고 써놓고 한국인들에게 호객행위를 한다.

•• 엘 클라시코가 열리는 마드리드 산티아고 베르나베우 경기장

스페인의

/

개천절

● 국경절을 기념하여 에어쇼 항공기들이 스페인 왕궁을 지나가는 모습. 스페인 국방부 제공

개천절은 단군이 최초의 국가인 고조선을 세운 날로, '하늘이 열린 날'이라는 뜻을 지닌다. 우리에게 개천절이 민족의 출발을 기념하는 날이라면, 스페인에서는 매년 10월 12일을 국경절Día de la Fiesta Nacional로 기념한다. 마드리드 콜론 광장에서 국왕이 주재하여 성대히 축하한다. 스페인을 위해 목숨을 바친 사람들에게 경의를 표하고, 파세오 데 라 카스테야나 거리에서 대규모 군사 퍼레이드와 에어쇼도 한다. 우리의 국군의 날 행사처럼 말이다. 국경절은 1492년 10월 12일 콜럼버스가 스페인의 이사벨 여왕의 지원을 받아 오늘날의 바하마 군도에 상륙한 날을 기념한다. 아메리카 대륙의 발견과 함께 근대시대의 개막을 알린 것이다.

국경절의 뜻을 제대로 알기 위해서는 1492년이 스페인 역사에서 가지는 의미를 살펴봐야 한다. 스페인 역사에서 가장 위대한 인물이었던 이사벨 여왕이 1474년 즉위하였고, 부군이던 페르난도가 1479년 아라곤 왕국의 왕위를 계승하면서 카스티야 왕국과 아라곤 왕국이 합쳐졌다. 오늘날 스페인의 기틀이 마련된 것이다. 1492년 이사벨 여왕은 강력한 지도력으로 이베리아반도를 지배하던 이슬람 세력을 몰아내고, 770년간 지속되었던 국토수복전쟁 레콩키스타, Reconquista에 마침표를 찍었다. 이 무렵은 이사벨 여왕이 보냈던 콜럼버스 원정대가 아메리카 대륙을 발견한 시기이기도 하였다.

이후 스페인은 차례차례 중남미의 식민지를 넓혔고, 여기서 나오는 막대한 금은보화는 스페인이 태평성대 Siglo de Oro, 시글로 데 오로, 황금세기라고 한다를 누리는 밑천이 되었다. 해가 지지 않는 나라 스페인의 신화가 만들어진 것이다. 지금도 중남미 대륙의 거의 모든 국가가 스페인어를 사용하게 되었다.

유럽에서 처음으로 중앙집권적인 강력한 통일국가를 만든 스페인 신화의 이면에는 다른 이들의 아픔도 존재한다. 가톨릭 왕국의 자신감은 '알함브라 칙령'을 낳는다. 가톨릭으로 개종하지 않는 유대인을 추방하라는 명령에 따라 이베리아반도에 사는 유대인들 가운데 상당수는 지중해 연안으로 흩어졌다. 더구나, 스페인의 황금세기는 중남미의 불행을 낳았다. 식민지배로 잉카문명, 마야문명, 아즈텍문명이라는 원주민들의 위대한 문화는 소멸하였고, 그들의 고유 언어도 사라졌다.

다만, 역사는 진보한다..오늘날에는 식민지배자였던 스페인과 피지배자였던 중남미 대륙이 서로 크게 경원시하지 않는다. 스페인이 주축이 되어 거의 모든 중남미 국가가 가입하여 1991년에는 이베로아메리카 공동체를 출범하였다. 스페인어를 사용하는 문화·언어적 일체성을 기반으로 여러 분야의 협력을 도모한다. 역사에는 영원한 적도 영원한 동지도 없는 셈이다.

● <이사벨여왕 초상화> 작자미상. 스페인 프라도 국립미술관 소장

- 존 에버릿 밀레이 <잉카제국을 정벌하는 피사로> 1846.
  1532년 스페인의 정복자 프란시스코 피사로가 잉카제국 황제인
  이타우알파를 사로잡는 장면. 영국 빅토리아&알버트 미술관 소장

•• <이사벨 여왕을 알현하는 콜럼버스> 작자미상. 1840년대 작 추정.
  미국의회도서관 소장

세계유산이 된
/
마드리드
'빛의 풍경'

약 30년 전 필자가 마드리드에 있을 때 가장 좋아했던 거리는 '빛의 풍경 Paisaje de la Luz'이었다. 이 거리는 항상 낭만적이었다. 업무상 수십 번 마드리드를 방문할 때마다 이 거리를 걸었다. 바쁜 업무로 갔지만 이 거리를 걸을 때면 잠시나마 번잡함을 잊을 수 있었다. 수백 년이 넘은 고목 가로수 수백 그루가 그대로 보존되어 있으며, 모두 합쳐 200헥타르60만5천 평에 이르는 엄청난 규모를 자랑한다. 봄과 여름에는 길게 늘어선 삼나무의 그늘이 사람들에게 휴식을 주었고, 가을에는 낙엽이 쌓여 더 운치가 있었다.

'빛의 풍경'은 2021년 7월 31일 유네스코 세계유산으로 지정되었다. 세계 4위의 유네스코 세계유산 보유국가인 스페인이 가진 유산 49개소 중 한 곳이다. 공식 명칭은 "예술과 과학의 풍경"이다. 이러한 이름이 붙게 된 데에는 다음과 같은 세 가지 이유가 있다. 이곳에는 16세기에 조성한 유럽 수도 최초의 가로수가 있는 거리이자 산책로인 파세오 델 프라도와 레티로 공원과 같은 풍부한 녹지와 자연환경이 있다. 프라도 미술관, 레이나 소피아 미술관, 티센-보르네미사 미술관 등 3대 미술관이 한곳에 모여있고, 왕립식물원과 왕립 천문대, 왕립 언어 아카데미 및 과학 아카데미 등 과학과 관련된 시설도 운집하여 있기 때문이다.

빛의 풍경의 문화적 가치는 크다. 16세기에 유럽 최초로 수도 내에서 도시 계획으로 가로수 거리 '알라메다'를 만든 공공녹지 공간이었다. 이 도시 계획모델은 스페인의 아메리카대륙 정복과정에서 멕시코, 리마, 쿠바 등에도 수출되었다. 스페인의 전성기 유토피아를 남미의 도시 계획에 그대로 구현한 것이다. 그리고 당시에는 도시에서 시민들을 위한 휴식 공간을 제공한다는 개념 자체가 생소했다. 왕실의 지배 대상에 불과했던 도시민들에게 자연이 어우러진 여가와 휴식 장소를 제공한다는 발상 자체에서 계몽주의의 흔적이 읽히기도 한다.

가을날, 빛의 풍경 거리는 형형색색의 단풍과 낙엽으로 가득 차 한층 더 낭만적인 분위기를 자아낸다. 3대 미술관도 들러서 예술작품을 감상해볼 만하다. 그리고 여러분이 꼭 가봐야 할 곳은 레티로 공원 안에 있는 팔라시오 데 크리스탈이다. 유리온실로 지어진 건물 자체의 모양이나 내부 장식

● 거대한 녹지가 유명한 빛의 풍경 모습
●● 레티로 공원에서 아침 조깅을 하는 시민의 모습

이 아름답지만, 특히 해 질 녘 석양이 크리스탈을 거쳐 호수 위에 반사되는데, 황금빛 물결을 보면 말 그대로 빛의 신비함을 제대로 느낄 수 있다. 더색다른 장소를 원한다면 쿠에스타 데 모야노Cuesta de Moyano 언덕으로 가보라. 아토차역 근처 쪽으로 파세오 델 프라도 거리의 끝자락에 있다. 이곳은 약 100년 된 서점 거리이다. 약 30개의 노점 책방이 있는데, 최신도서부터 오래된 중고도서까지 다 갖추고 있다. 색다른 스페인의 노점 거리를 걸어보는 것도 괜찮은 경험이 될 것이다.

• 레티로 공원 로즈 가든. 마드리드 관광청 제공
•• 1891년~1900년 추정, 팔라시오 데 크리스탈 전경(왼쪽)과
팔라시오 데 크리스탈 현재 모습(오른쪽)
빛의 풍경 홈페이지

그란비아와
마드리드의
╱
숨은 명소들

 1990년대 필자가 마드리드에 처음 갔을 때다. 지도를 들고 넓은 그란비아 거리에서 헤매고 있다가 지나가던 스페인 할아버지에게 국립 인류학 박물관이 어딘지 물었다. 처음에는 나한테 자세히 길을 알려 주다가 나중에는 따라오라고 하셨다. 30도에 육박하는 7월의 스페인 무더위에 땀을 뻘뻘 흘리며, 40여 분 걸어서 나를 그곳으로 데려다주셨다. 그때는 스페인에 한국인들이 거의 없어서 나를 일본인으로 착각하시기도 하셨지만, 아직도 따뜻한 기억으로 남아있다.

스페인의 광화문 대로 혹은 종로쯤에 해당하는 그란비아의 역사는 100년이 넘었다. 1862년 마드리드 도심 재개발 계획으로 설계도는 일찍 만들었지만, 300개가 넘는 빌딩을 부수고, 50개의 거리를 뜯어고치는 바람에

● 2년여 공사 기간을 거쳐 재작년 11월 재개장한 스페인 광장. 접근성을 강화하고,
보행자의 편의를 높이고 녹지 공간을 늘리는 데 중점을 두었다. 마드리드 관광청 제공

1929년에야 완성되었다. 최근에는 더 좋아지고 있다. 시민들을 위해 녹지 공간을 넓히고, 왕복 6차선을 4차선으로 줄여 보행로를 넓혔다.

현지인처럼 살아보고 싶다면 근처에 있는 바리오 데 라 라티나, 줄여서 라 라티나라고 불리는 지구로 가면 된다. 이곳에 중세시대의 마드리드 최초의 도시 성벽이 있었다. 지금도 그 흔적이 남아있고, 그 당시 형성된 미로처럼 좁은 골목이 얽혀있다. 골목마다 타파스 바와 전통 선술집이 가득한데, 마드리드 사람들은 일요일마다 열리는 엘 라스트로 벼룩시장을 찾은 후 이곳에 들러 타파스를 즐기곤 한다. 근처의 산 프란시스코 엘 그란데 대성당은 지름 33미터짜리 돔 지붕을 가진 거대한 건물로 마드리드에 있는 5대 왕실 대성당 중 하나이다. 고야와 수르바란과 같은 스페인 거장들이 장식화를 그렸다.

현지인문화 중에서 젊은 문화를 대표하는 힙한 곳, 말라사냐이다. 그란비아 북쪽에 바로 붙어있다. 이 지역의 이름에는 슬픈 역사가 있다. 1808년 5월 스페인의 2차 독립 봉기 때 나폴레옹 군인들에 의해 죽음을 맞이한 17세 재봉사 소녀 마누엘라 말라사냐의 이름을 딴 곳이다. 젊은이들의 만남의 장소로 인기가 높은 말라사냐는 바와 커피숍, 빈티지 의류 판매장이 많다. 마드리드답게 주말에는 노점과 벼룩시장이 선다. 젊은이들 성지답게 밤에는 클럽 문화가 돋보인다. 모두 다시 가보고 싶은 곳들이다.

● 프란시스코 고야 <산 이시드로 초원> 1788. 오른쪽 윗부분에 보이는 거대한 돔을
가진 큰 건물이 유명한 산 프란시스코 엘 그란데 대성당이다. 프라도 국립미술관 소장

● 라 라티나 지구의 카스코로 광장. 중세시대 골목이 미로처럼 그대로 남아있다.
천천히 걸어 다니며 구경하다가 다리 아프면 근처 타파스 바에서 커피나 와인 한잔 하기 좋다.
마드리드 관광청 제공

말라사냐 지구내 거리와 시민들의 모습
마드리드 관광청 제공

스페인의 정원,
파티오

● 코르도바 대성당(메스키타)에 있는 파티오 데 로스 나란호스(Patio de los Naranjos; 오렌지 나무가 있는 안뜰).
코르도바 대성당은 원래 이슬람의 종교시설인 모스크였다. 압둘 라흐만 1세는 756년 알 무사라 전투에서 승리함
으로써 이베리아반도를 정벌하였다. 코르도바에 독립 공국을 세웠고, 알 안달루스(지금의 안달루시아)의 첫 번째
이슬람 왕(emir)이 되었다. 압둘 라흐만 1세는 원래의 산 비센테 성당 자리에 모스크인 메스키타를 지었다.
사진에서 중앙 부분에 이슬람 양식의 분수가 있는 것을 볼 수 있다. 메스키타 코르도바 대성당 홈페이지

파티오는 스페인어로 안뜰, 앞마당이란 뜻으로 건물 안에 있는 정원庭園이다. 파티오는 오늘날 스페인과 남미의 보편적인 건축양식이다. 파티오는 원래 로마 시대의 건축인 아트리움에서 기원하였다. 파티오는 장방형의 건물을 세운 후 그 안에 정원을 두는 것이다. 여기에 더해서 파티오에는 분수噴水가 설치되었는데, 이는 이슬람의 영향을 받은 것이다. 이베리아반도를 781년 동안 지배한 이슬람은 자신들만의 파라다이스를 추구하며 파티오를 지었다. 하루 다섯 번 메카를 향해 기도하기 전에 파티오의 분수에서 손발을 닦아 몸과 마음을 정갈히 하였다. 더구나, 물이 귀한 사막 지역에서 분수는 그 자체로 생명수였다. 무슬림들은 궁궐 안으로, 그리고 집 안으로 생명수를 끌어들여 이상향을 만들었다. 요컨대, 파티오는 이베리아반도를 지배했던 로마, 이슬람의 영향을 받아 스페인 사람들이 발전시킨 하이브리드 건축양식이라고 할 수 있다.

파티오는 스페인 사람들에게 단순한 건축양식을 넘어 축제로 진화하였다. 매년 5월 초 코르도바에서는 유네스코 세계유산으로 등재된 파티오 축제가 열린다. 축제는 12일 동안 계속된다. 축제하는 동안 코르도바 사람들은 예쁜 꽃으로 한껏 꾸민 자신의 집안 안뜰을 공개한다. 이날만큼은 파티오는 혼자 보고 즐기는 곳이 아니라 모든 이에게 개방되는 공간으로 변모한다. 방문객들은 파티오 주인이 놓은 접시에 동전을 올려놓아 기부하기도 한다. 파티오 축제에는 다른 의식들도 함께한다. 파티오가 특별한 문화 공간으로 된다. 파티오와 근처의 공공장소, 거리, 광장에서는 전통적인 노

• 코르도바 비아나 궁전에 있는 파티오와 분수. 비아나 궁전은 14세기에 건축되었는데,
궁전 안에 모두 12개나 되는 파티오가 있다. 코르도바 관광청 제공

•• 파티오 축제 때 개방된 파티오와 가정집. 코르도바 관광청 제공

래, 플라멩코 기타 연주와 춤 공연이 열린다. 축제에 온 사람들이 함께 모여 식사를 하기도 한다.

파티오는 공동체 정신을 나타내는 문화이기도 하다. 자신의 집과 마을을 가꾸어 지속 가능한 상태로 함께 사는 데 목적이 있다. 오늘날 사는 곳 부근에 혐오시설이 들어서는 것을 싫어하는 님비NIMBY 현상이나 선호하는 시설이 자기 마을에 들어오기를 원하는 핌피PIMFY 현상 같은 것과는 차원이 다른 열린 공동체 정신을 나타낸다. 파티오는 개방성의 상징이다. 모든 방문객을 존중하고, 연령층과 사회 계층, 그리고 배경이 다른 많은 사람이 어울린다. 파티오는 스페인 문화의 특징을 나타낸다. 오랫동안 이민족으로부터 식민지배를 받았지만, 그 문화를 수용하여 자기만의 독특함으로 바꾸는 열린 태도를 보여주는 것이다. 이처럼 개방성으로 대표되는 스페인의 문화를 제대로 느끼려면 5월에 꼭 코르도바에 가보시라.

헤밍웨이가 사랑한

스페인의 숲,
그리고 단풍 명소

● 글을 쓰는 헤밍웨이 헤밍웨이 재단 제공

만추晚秋의 계절이다. 다들 단풍놀이를 다녀오셨을 것이다. 스페인은 지중해성 기후와 식생 때문에 사계절 자라는 상록수가 많다. 하지만, 북부지역으로 가면 제대로 된 단풍을 만날 수 있다. 단풍 명소 중 한 곳은 소설가 헤밍웨이가 사랑한 이라티 숲Selva de Irati이다.

그의 첫 번째 소설로 유명한 『태양은 다시 떠오른다』에서 등장인물인 제이크와 빌의 대화 중에서 여섯 군데 정도 이라티 강과 송어낚시가 언급되는데, 평화롭고 목가적인 시골 생활을 묘사하는 장면에서다. 헤밍웨이는 1920년대 스페인에 체류하면서 이라티 강에서 송어낚시를 즐겼던 경험이 있고, 이를 소설에 녹여 넣었다.

나바라 지역의 피레네산맥 자락에 있는 이라티 숲은 유럽에서 가장 규모가 큰 숲이다. 잘 보존된 너도밤나무와 전나무 숲을 가지고 있다. 전나무 사이 사이에 있는 너도밤나무숲은 이끼가 끼고 풀이 무성하지만, 가을에는 다채로운 무지갯빛으로 변한다.

스페인 전역에 있는 16개의 국립공원 중에서 스페인사람들에게 단풍으로 가장 인기 있는 가을 여행지는 피코스 데 에우로파 국립공원이다. '유럽의 봉우리'라는 공원 이름에 걸맞게 2,500m가 넘는 봉우리가 40개 있는 험준한 산이다.

이라티 숲의 단풍 나바라 관광청 제공

산맥의 정상부는 기암괴석으로 이루어져 있어 단풍이 별로 없지만, 밑에서 올라가는 길에 참나무 숲과 너도밤나무 숲이 많아 울긋불긋 멋진 단풍을 자랑한다.

이곳에서 멋진 사진을 찍고 싶으신 독자께 2개의 전망대를 추천한다. 칸타브리아의 포테스Potes 마을에서 시작하여 피코스 데 에우로파 산맥을 어우르는 파노라마 사진을 찍으면 단풍과 정상부의 봉우리들이 한 컷에 담긴다. 또 하나의 명소는 발데온 계곡에 있는 톰보Tombo 전망대인데, 산 중턱을 아우르는 멋진 뷰를 자랑한다.

• 피코스 데 에우로파 국립공원 정상과 단풍 전경 아스투리아스 관광청 제공

옛것에 다시
혼을 불어넣은

파라도르

오래되고 낡은 건물을 허물지 않는다. 부수고 다시 짓는 것보다는 과거의 역사와 문화를 최대한 보존한다. 바로 스페인의 공기업인 국영 파라도르 호텔이 추구하는 바이다. 스페인은 고성古城과 수도원 같은 문화적, 예술적, 역사적 가치가 풍부한 곳이나, 자연풍광이 아름다운 곳에 파라도르를 만들었다. 학자들은 문화예술로써 쇠퇴한 도시를 되살리는 문화적 도시재생의 모범사례로 파라도르를 든다.

스페인에는 우리의 시도에 해당하는 16개의 자치공동체가 있고, 스페인 전역에 97개의 파라도르 호텔 체인이 있다. 파라도르는 약 100여 년 전으로 거슬러 올라간다. 1910년 스페인 정부는 국영 호텔 체인을 만들어 관광객들에게 숙박을 제공하고, 세계적 이미지를 개선하려고 하였다. 알폰소 13세 국왕이 큰 노력을 기울였고, 1928년 국왕이 직접 선정한 곳인 그레도스에 첫 번째 호텔을 만들었다. 스페인은 2019년 세계경제포럼이 주관하는 세계관광경쟁력 지수에서 1위를 차지하였다. 이러한 스페인의 관광 경쟁력은 우수한 자연환경뿐만 아니라 파라도르와 같은 인프라를 구축하는 노력에서 왔다.

파라도르 체인 중에서 꼭 가봐야 하는 두 곳을 소개한다. 산티아고 데 콤포스텔라 파라도르는 파라도르의 호텔 중에서 가장 오래되었다. 이 파라도르는 1499년경 가톨릭 군주의 명령에 따라 르네상스 스타일로 지었다. 최초에는 산티아고 순례자들이 쉬거나 치료받던 왕립 병원으로 사용되었다. 많은 관광객과 순례자가 모이는 산티아고 데 콤포스텔라 대성당 옆 오브라도이로 광장에 있어 쉽게 찾을 수 있다. 호텔의 정문은 현대식으로 꾸몄지만, 원래 건물의 고풍스러움은 그대로다.

이곳은 500년이 넘은 세월의 흔적을 고스란히 품고 있다. 여기서 하루 묵는다면 식당을 꼭 가봐야 한다. 그 이름이 무려 '왕의 레스토랑Restaurante Dos Reis'이다. 예전에는 수백 년의 전통에 따라 하루 10명의 순례자에게 무료 음식을 제공하기도 했다고 한다. 호텔의 중심부에는 왕실 예배당이 있는데, 1912년에 중요문화유산으로 지정되었다. 우리로 치면 국보급 문화재에 해당한다. 국보가 있는 호텔이라니 참 매력적이다.

• 산티아고 데 콤포스텔라 파라도르 중정

● 산티아고 데 콤포스텔라 파라도르 정문과 내부에 있는 식당인 Restaurante Dos Reis

　왕처럼 머물고 싶다면 혼다리비아 파라도르에 가야 한다. 프랑스와 국경을 맞대고 있는 이곳은 원래 스페인 카를로스 1세의 고성古城이었다. 이 성은 10세기에 나바라 왕국의 산초 아바르카왕이 강변을 조망하는 군사 요새로 만들었다. 이후 16세기에 카를로스 1세가 현재의 모습으로 지었다. 호텔의 갈라 홀에는 루벤스가 디자인한 태피스트리 장식이 벽에 걸려 있다. 꼭 감상할 필요가 있다.

　국보가 있는 호텔에서, 혹은 왕처럼 묵고 싶다면 과거의 흔적에 새로운 혼을 불어넣은 파라도르에 가시라. 잊지 못할 경험이 될 것이다.

● 혼다리비아 파라도르 전경 Paradores 호텔 제공

• 혼다리비아 파라도르 내부와 갈라 홀 Paradores 호텔 제공

스페인 천년왕국의 기원,

코바동가

● 아우세바 산과 코바동가 대성당

'유럽의 봉우리'인 피코스 데 에우로파 산맥 자락에 스페인 사람들이 신성시하는 곳이 있다. 작은 마을인 코바동가이다. 코바동가의 주변 지역 전체는 종교적인 성역이다. 8세기 무렵 이곳에서 아스투리아스 왕국이 세워졌고, 스페인 천년왕국이 시작되었다.

험준한 산과 협곡으로 둘러싸인 작은 마을이 왜 스페인 사람들의 정신적인 기원이 되었을까? 코바동가에 깃든 역사와 전설을 살펴볼 필요가 있다. 현재 스페인의 모태가 된 아스투리아스 왕국을 세운 펠라요Pelayo 왕은 718년 무어인들의 통치에 반발하여 반란을 일으킨다. 과도한 조공에 반발하였다는 이야기와 코르도바의 이슬람 왕인 무누사가 펠라요 왕의 여동생에게 흑심을 품어 결혼을 요구해서 그랬다는 설이 있다. 반란의 동기가 어쨌든 간에 펠라요 왕은 722년 험준한 산악지형을 이용하여 코바동가에서 무어인들을 처음으로 격파한다. 코바동가 전투의 승리에 대한 전설은 흥미롭다. 펠라요 왕이 무어인들과의 전투 과정에서 이 코바동가의 동굴로 피신하였다. 그 안에서 이기게 해달라고 기도하자 성모 마리아가 강림하였다. 성모의 도움으로 이기게 되었다는 것이다. 후대의 역사가들은 코바동가 전투가 스페인 국토수복전쟁인 레콩키스타의 시작이라고 본다.

성모의 전설을 품고 있는 코바동가의 신성한 동굴은 바위산 중턱에 있다. 바위산 한가운데를 파서 조그만 성당을 매달아 놓은 것처럼 생겼다. 성모를 알현하기 위해서는 103개의 계단으로 이루어진 '약속의 계단'을 올라

가야 한다. 숨이 차오를 때쯤 동굴 안에서 아스투리아스의 수호성인이자 성모인 코바동가 비르겐Virgen de Covadonga을 만나게 된다. 지금도 성모상이 있는 조그만 제단에서 매일 정기적으로 미사가 열린다. 성모상 옆쪽에는 펠라요 왕과 왕비의 무덤도 있다.

동굴을 지나면 또 다른 장엄한 풍경이 나타난다. 협곡 사이에 두 개의 높은 첨탑을 가진 코바동가 대성당이다. 코바동가 산에서 추출한 분홍빛이 도는 대리석으로 만들어져 눈에 띈다. 대성당 제단 뒤에는 펠라요 왕이 만들어 내걸었다는 '승리의 십자가' 복제품이 있다.

코바동가는 스페인 최초의 국립공원으로 지정된 청정지역이다. 파라도르를 만들었던 알폰소 13세가 1918년 이곳을 국립공원으로 지정하였다. 종교적 영성과 함께 스페인에서 손꼽히는 피코스 데 에우로파 산맥의 아름다운 풍광을 꼭 감상하시길 바란다.

꼭 가봐야 할 데가 한 곳 더 있다. 성스러운 동굴에서 흘러내린 물이 모이는 아래쪽 저수지의 왼쪽에 분수가 있는데, 그 이름이 '결혼 분수'이다. 아스투리아스 사람들의 전설에 따르면 코바동가의 성모님이 내려주는 이 분수를 마시는 여성은 1년 안에 결혼한다고 한다. 짝을 찾고 싶으신 분들은 꼭 이 분수의 샘물을 길어 마시기를….

펠라요 장군 동상

코바동가 성모상이 있는 동굴 가는 길 이정표

• 코바동가 성모상이 있는 동굴

• 코바동가 대성당

스페인의

/

크리스마스

 곧 크리스마스 연휴가 다가온다. 가톨릭을 믿는 스페인에서도 크리스마스는 큰 의미이다. 스페인사람들은 크리스마스를 어떻게 보낼까? 스페인사람들의 크리스마스 주간은 우리보다 더 길고 다채롭다.

12월 22일에는 크리스마스 복권으로 알려진 국영 엘 고르도El Gordo 복권을 추첨한다. 크리스마스 복권은 여름 무렵부터 판매를 시작하고, 가장 성대하다. 크리스마스 복권은 스페인 내전 기간에도 중단된 적이 없었다고 하니 가히 국가적인 행사이다. 우리나라의 로또복권이 두 자리 숫자 6개 쌍으로 구성되는 반면 엘 고르도 복권은 여섯 자리로 된 단일 숫자가 들어있다. 보통 가족의 생일이나 자신에게 의미 있는 번호를 골라 산다.

• 바르셀로나 파세오데그라시아 거리와 크리스마스 트리
•• 엘 고르도 2023년 크리스마스 20유로짜리 복권 El Gordo loteria 제공

올해 크리스마스 복권의 상금은 무려 25억 9,000만 유로 약 4조 4,693억 원
으로 추산된다. 크리스마스 복권 추첨은 당일 오전 내내 추첨 행사를 하
고, 방송에서도 생중계한다. 사람들은 대박을 노리기보다는 그냥 축제로
즐긴다.

12월 24일 크리스마스이브는 노체부에나Nochebuena라고 부른다. 많은
레스토랑에서 크리스마스 특선 메뉴를 선보인다. 이베리코 하몽, 해산물,
치즈 등 전채요리에 이어서, 수프, 구운 고기, 생선 또는 속을 채운 칠면조
요리가 나온다. 투론Turrón, 마지판marzipan, 에피파니 케이크와 같은 디저
트를 먹는다. 여기에 카바cava 와인을 곁들여 마신다. 카바는 와인보다 숙
성기간이 짧아 저렴하지만 톡 쏘는 맛이 인상적이다. 가정집에서도 가족들
이 모여 이런 메뉴를 먹으며 성탄 전야를 축하한다.

12월 28일은 성스러운 순진한 사람들의 날Día de los Santos Inocentes로 불
린다. 모든 사람이 짓궂은 농담을 해도 용서받는 날이다. 우리나라의 만우
절과 비슷하다. 언론에서도 터무니없고 조작된 가짜 뉴스 기사를 보도하기
도 하는 재미있는 날이다.

이날에는 흰 종이로 오려낸 그림을 다른 사람의 등에 붙이는 장난을 하
기도 하는데, 이노센타다inocentada라고 부른다. 이날 발렌시아지역에 있
는 잘란세Jalance라는 조그만 마을에서는 미치광이 축제fiesta de Los Locos

가 열린다. 미치광이 역할을 하는 시장이 하루 동안 시市를 다스리게 된다고 한다.

전 국민의 80% 이상이 가톨릭신자인 스페인은 확실히 우리나라보다 크리스마스를 즐기는 방식이 더 풍성하다. 이 분위기를 직접 느끼고 싶다면 스페인 현지로 가는 게 좋지만, 호텔과 레스토랑, 다른 모든 것들이 평소에 비해서 비싸진다는 것을 고려해야 한다.

알칼라 데 에나레스 ①

세르반테스의 고향

● 알칼라 데 에나레스시 세르반테스 광장 전경

1617년 세르반테스가 쓴 마지막 소설인 『페르실레스와 지기스문다의 저작』에 나오는 한 구절이다. 마치 얼마 남지 않은 자신의 삶을 예견하는 것처럼 애절하고 비장하다.

세르반테스는 세계적인 문학 거장이다. 세르반테스의 소설 돈키호테는 역사상 성경 다음으로 많이 팔렸다. 2편으로 구성된 소설은 전 세계 50개국의 언어로 번역되어 출판될 정도였다. 세르반테스는 1547년 수도 마드리드에서 30km 정도 떨어진 조그만 도시인 알칼라 데 에나레스에서 태어났다. 이 도시는 세르반테스가 중심이 된다. 모든 투어는 그를 기리는 세르반테스 광장에서 시작된다. 광장에는 세르반테스 동상이 있는데 그 설립 스토리가 흥미롭다. 1875년 호세 마리아 카세나베가 세르반테스의 고향인 알칼라 데 에나레스에 기념비를 세우기 위한 기금 마련을 시작한다.

이를 위해 '세르반테스Cervantes'라는 신문도 발행한다. 그는 이 신문 기사에서 영국에는 셰익스피어가 있고, 독일에는 괴테가 있으며, 우리에게는 세르반테스가 있다고 애국심에 호소하였다. 그의 주장이 제대로 먹혀들어 저 멀리 쿠바에서도 모금이 이루어졌다고 한다. 카세나베가 스페인사람들의 애국심에 호소한 것은 어쩌면 당연하였다. 19세기 후반은 한때 전 세계를 호령하던 해가 지지 않는 나라 스페인이 이빨 빠진 호랑이 신세로 전락한 시기였다. 스페인사람들의 상실감은 이루 말할 수 없었을 것이다. 마침내 1879년 세르반테스 동상은 제막되었다.

광장에서 연결되는 마요르 거리는 스페인에서 과거 모습이 보존된 가장 긴 아케이드 거리이다. 마요르 거리 48번지에는 세르반테스가 태어난 생가 박물관이 있다. 부엌, 식당, 외과 의사 사무실세르반테스의 아버지는 외과 의사 겸 이발사였다 등이 세르반테스가 살았던 16세기와 17세기의 모습을 그대로 재현한다. 생가 박물관 입구에는 소설의 두 주인공인 돈키호테와 그의 시종인 산초의 동상이 있다. 광장을 지나 다다른 오이도르 성당은 세르반테스가 세례를 받은 곳이다. 그 옆에는 알칼라 데 에나레스 시에서 가장 높은 건축물인 34m 높이의 산타 마리아 탑Torre de Santa María이 있다. 도시의 전경을 한눈에 볼 수 있는 최고의 장소이다. 알칼라 데 에나레스는 마드리드에서 1시간이 안 걸릴 정도로 가깝고, 작고 고즈넉하다. 마드리드에 가면 꼭 잊지 말고 방문해보길 바란다.

● 세르반테스 광장에 있는 세르반테스 동상

● 토레 데 산타 마리아(Torre De Santa Maria)

• 세르반테스 생가박물관과 박물관 앞에 있는 돈키호테와 산초 동상

알칼라 데 에나레스 ②

神의 도시

• 히메네스 데 시스네로스 추기경 초상화 프라도 미술관 소장

오래된 이 도시를 거닐다 보면 왠지 모를 고즈넉한 분위기가 느껴진다. 건축물들이 반듯이 늘어서 있는 '신神의 도시' 알칼라 데 에나레스. 세르반테스 광장에서 계속 걸어가다가 만나는 한 동상에서 신의 도시라는 이유를 찾을 수 있다.

알칼라 대학교가 있는 역사지구로 발길을 옮긴다. 도시가 대학을 중심으로 배치됐다는 느낌이 든다. 이는 동상의 주인공인 히메네스 데 시스네로스 추기경 때문이다. 시스네로스 추기경은 자신이 죽기 얼마 전인 16세기 초반에 신의 도시를 세우기로 마음먹는다. 로마제국의 신학자인 아우구스티누스가 쓴 『신국론』에 나오는 이상적인 공동체인 '시비타스 데이 신의 도시, Civitas Dei'를 여기에 세우고자 했다. 당시에는 생소했던 대학도시는 중세의 신정사회가 그렇듯 성직자와 공직자를 교육하기 위한 목적이었다고 한다. 그의 뜻을 받들어 알칼라 데 에나레스시는 세계 최초의 계획된 대학도시로 만들어지게 된다. 시비타스 데이는 스페인의 선교사들에 의해서 식민 지배하던 중남미대륙에도 그대로 이식됐다. 유럽 각지에서도 알칼라 데 에나레스를 본받아 계획된 대학도시를 만들게 된다.

알칼라 대학교로 걸음을 옮긴다. 자유롭게 캠퍼스를 오가고, 곳곳에 앉아서 이야기꽃을 피우는 학생들의 모습이 너무나 풋풋하다. 알칼라 대학교 강당에 들어가봤다강당은 시스네로스 추기경 사후에 완성되었다고 한다. 좌석과 강단은 모두 고풍스러운 나무로 만들어져 있다. 그런데 천장을 자세히 관찰해보니 독특한 격자형 무늬가 있다. 전형적인 무데하르 양식이다. 이 강당에 특별한 행사들이 많이 열린다. 매년 4월 23일 책의 날에는 스페인 국왕의 주재로 스페인어권 문학작품 중에서 뛰어난 작가에게 세르반테스상을 수여한다. 1990년대 중반 필자가 스페인에서 유학할 때가 문득 떠올랐다. 다시 공부하고 싶다는 생각과 함께….

1998년 유네스코는 알칼라 데 에나레스가 세계 최초의 계획된 대학도시라는 점, 그리고 문학의 거장 세르반테스의 출생지인 점, 문화유산을 보존한 노력 등을 높이 평가해서 세계유산으로 지정했다. 알칼라 대학교와 역사지구 등 도시 자체가 세계유산으로 지정된 독특한 사례인만큼 가볼만한 여행지로 손색이 없을듯 하다.

계획된 대학도시 이전의 로마 시대 모습을 보기 위해서 카사 데 히폴리투스 고고학 유적지로 가본다. 알칼라 데 에나레스시는 로마의 식민지인 콤플루툼Complutum에서 기원했다. 이 유적지는 3세기에서 4세기 사이 로마 귀족 가문인 히폴리투스에서 청소년들을 가르치던 곳이었다고 한다. 2000년 동안 세월의 풍파를 견디지 못해 유적지 곳곳은 허물어져 있었다. 하지만, 실내 장식 중에서 또렷한 물고기 문양의 모자이크는 긴 세월을 견디고 살아남았다. 마치 어제 만든 것처럼 말이다!

• 히메네스 데 시스네로스 추기경 동상

• 알칼라 대학교와 강당 내부

● 카사 데 히폴리투스 고고학 유적지와 물고기 장식 모자이크 알칼라 데 에나레스 시청 제공

루고

/

2,000년 전 로마 성벽으로
둘러싸인 도시

● 로마 성벽 위에서 바라본 도심지역

갈리시아 지방은 넷플릭스 드라마 '갈리시아의 상속자들'로 알려져 있다. 대서양을 마주하고 있어서 해산물과 알바리뇨 와인으로 유명하다. 루고는 갈리시아지방의 대표적인 도시이다. 산티아고 순례길의 종착지인 산티아고 데 콤포스텔라로 가는 길목에 있다.

루고라는 도시 이름은 로마 시대로 거슬러 올라간다. 루고는 로마의 초대 황제인 아우구스투스에서 유래했다. 루고Lugo는 '아우구스투스의 성스러운 숲Lucus Augusti'이라는 뜻이다. 야만인으로부터 이 성스러운 도시를 보호하기 위해서 로마제국은 성벽을 둘렀다. 무려 서기 3세기에 지어져 거의 2,000년이 되어간다. 역사성을 인정받아 2000년도에 유네스코 세계유산으로 지정되었다.

로마 성벽에 올랐다. 7m 정도의 아담한 높이에서 도시 전체가 한눈에 들어온다. 푸릇한 이끼와 식물이 덮인 성벽을 가운데 두고 왼쪽의 구도심과 오른쪽의 신도심 지역의 풍경이 묘하게 대조된다. 2㎞가 조금 넘는 길이의 성벽을 천천히 유람하려면 두 시간 남짓 걸린다. 걷다가 성벽 너머로 보이는 곳이 궁금하면 제일 가까운 성문으로 내려가면 된다. 성안 쪽의 구도심 역사지구 안에는 볼 것들이 제법 있다.

루고 산타마리아 대성당으로 발걸음을 옮겼다. 12세기에 짓기 시작하였다고 한다. 이후에도 여러 부속건물을 더 짓는 바람에 로마네스크, 고딕, 바로크 등 다양한 양식이 혼합되었다. 천천히 대성당으로 들어가 본다. 들어가자마자 마주치는 것은 거대한 천장화다. 무척 아름답다. 18세기에 호세 데 테란이라는 화가가 그렸다는데, 복원된 모습이라고 한다.

성벽을 내려왔다. 비 그친 후 안개 낀 황혼 무렵에 노부부가 다정하게 거리에서 발걸음을 옮긴다. 약 2,000년 전 지어진 성벽을 그대로 간직하고 있다는 점도 놀랍지만, 요즘도 사람들의 통행로로 쓰인다는 게 더 대단했다. 로마제국은 유럽, 아시아, 아프리카라는 세 대륙을 지배했고 많은 흔적을 남겼다. 루고 성벽은 세 대륙에서 현재에도 그 모습을 그대로 간직하고 있는 유일한 곳이다.

안개 낀 로마 성벽을 걷다 보니 마치 로마 시대로 되돌아간 것 같다. 그런데 고개를 돌려 보니 나지막한 현대 건물이 눈에 들어온다. 비로소 나는 현실로 되돌아온다.

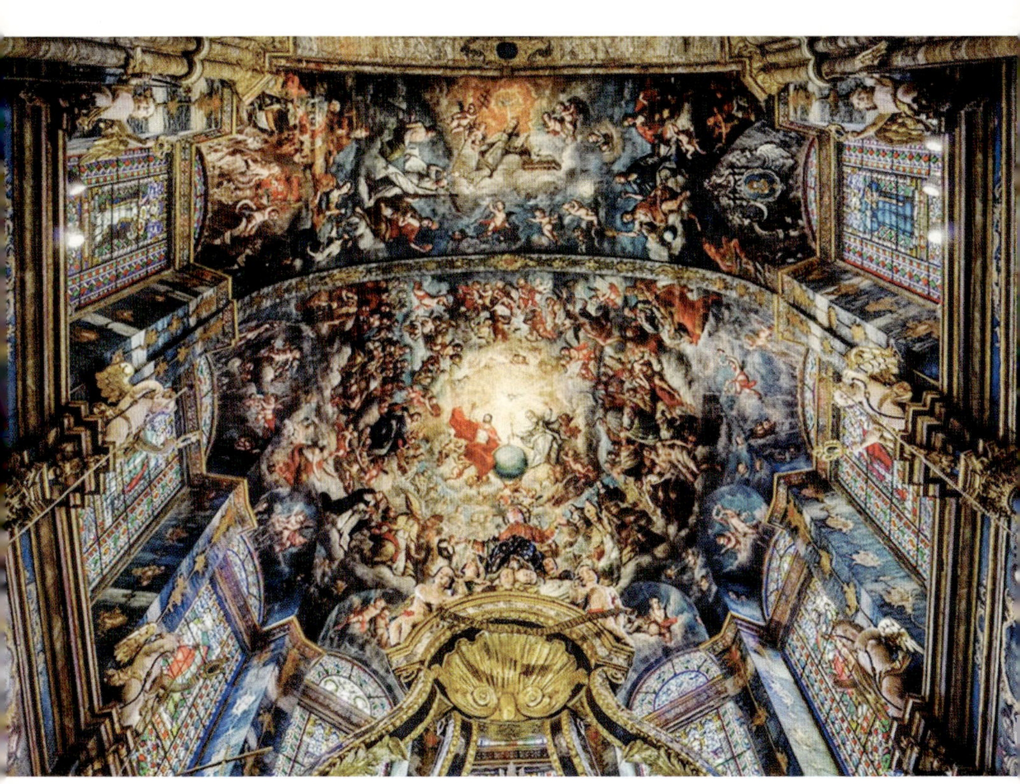

● 루고 대성당 천장화 Cathedral de Lugo 제공

● 안개 낀 루고 시내

● 루고 로마 성벽 쪽에서 바라본 산타마리아 대성당

● 루고 대성당 내부 Cathedral de Lugo 제공

스페인 여행과 112

낯선 곳을 여행하다 보면 나도 모르게 움츠리게 된다. 어두운 밤거리를 걷거나, 낯선 사람이 다가오면 겁부터 난다. 특히, 유럽지역은 어느 나라 할 것 없이 소매치기가 심한 편이다. 그 나라에 아는 사람 하나 없는데, 소매치기당하거나, 교통사고라도 나게 되면 정말 낭패다. 이럴 때는 어떻게 해야 할까? 독자들이 생각하는 것처럼 경찰에 도움을 요청하면 된다.

그런데 스페인은 우리나라보다 5배 이상 큰 나라라서 경찰도 여러 종류다. 여러분의 안전한 스페인 여행을 위하여 종류별로 다 알려드린다. 제일 먼저 우리나라의 국가경찰에 해당하여 큰 혼란 없이 받아들이는 '폴리시아 나쇼날Policía Nacional'이 있다. 진청색의 제복을 입고 비슷한 색

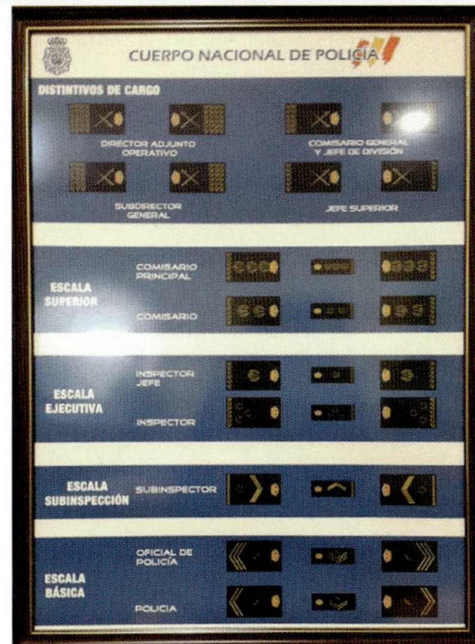

• 폴리시아 나쇼날 경찰관과 순찰차 Policia Nacional 제공
•• 폴리시아 나쇼날의 계급장

- 스페인 왕궁 앞에서 사열하는 과르디아 시빌 경찰관 Guardia Civil 제공
- ● 과르디아 시빌 경찰관 Guardia Civil 제공

깔의 순찰차를 타므로 쉽게 눈에 띈다.

그다음 또 흔히 보이는 경찰은 '과르디아 시빌Guardia Civil'이다. 우리말로 번역하면 민경대民警隊, 군인 경찰 등으로 불린다. 만들어진 지가 180년이 되었을 정도로 가장 오래된 경찰이다. 이름에 걸맞게 진녹색 군인 제복과 비슷한 옷을 입고, 나폴레옹 모자 같은 걸 쓰기도 한다. 마드리드에서 톨레도 가는 고속도로처럼 대도시나 주변 고속도로에서 과르디아 시빌이 교통단속을 하는 모습을 쉽게 볼 수 있다.

보통의 대도시에는 '폴리시아 무니시팔Policía Municipal'도 있다. 자치경찰이다. 주로 교통단속이나 교통사고를 처리하고, 사람들이 잃어버린 물건도 찾아준다. 주요 관광지에서 질서유지도 한다. 마드리드의 자치경찰은 폴리시아 나쇼날과 비슷한 색깔의 제복을 입는다.

독자 여러분! 이쯤 되면 많이 헷갈리실 것이다. 경찰은 다 같은 경찰인데 뭐 이리 복잡하냐고 말이다. 그런데 아직 하나 더 남았다. 한국 관광객들이 가장 많이 가는 바르셀로나는 카탈루냐주 스스로 별도의 경찰을 만들었다. 카탈루냐에서 경찰의 이름은 '모쏘스 데스콰드라Mossos d'Esquadra'이다. 이름은 복잡하지만, 중앙정부의 영향을 받지 않고 독자적으로 경찰업무를 한다는 점 이외에 다른 경찰과 크게 차이는 없다.

이렇게 경찰 종류가 많은데 신고해야 할 때는 어떻게 해야 할까? 워낙 복잡하여 스페인 사람들도 신고 번호를 모를 수가 있다. 그래서 경찰, 소방, 응급구호를 통합한 번호가 우리나라처럼 112다. 112를 누르고 신고하면 된다. 한국어 통역 서비스가 없다는 것 빼고는 거의 같다.

관광업이 발달한 나라답게 '사테SATE'라고 불리는 외국인 관광객 전용 신고센터도 있다. 국가경찰이 각 지역의 관광청과 연계해서 주요 관광지에 두었다. 그라나다, 세비야, 말라가 등에 있다. 마드리드시 지역에는 휴업 중이니 제일 가까운 곳인 프라도 미술관 옆 레티로 경찰서에 신고하면 된다. 또 하나의 팁! '얼럿캅스AlertCops'라는 앱이다. 클릭만으로 교통사고뿐만 아니라 각종 사고를 신고할 수 있다. 신고할 때 자동으로 위치가 경찰에 전송되어 편리하다.

그러나 대한민국의 '초특급 익스프레스' 경찰 서비스와 같은 수준을 기대해서는 안 된다! 유럽 특유의 느긋한 행정 처리에 속이 터질 수 있다. 하지만 어쩌겠는가? 내가 그 나라에 갔으면 그 나라 문화와 법에 맞춰야 하는 것을…. 아무튼 집 나오면 고생이다.

• 마드리드시 자치경찰 Ayuntamiento de Madrid 제공
•• 모쏘스 데스콰드라 경찰본부 브리핑

PART **2**

공간의 미학

열정과 낭만이 흐르는 도시 기행

마요르카

/

쇼팽과 상드

● 마요르카 대성당, 신의 위대함과 건축 공간의 엄숙함을 느낄수 있다.

바다 위 하얀 보트가 공중에 떠 있는 것처럼 보이는 투명한 바다를 본 적이 있는가? 엽서나 컴퓨터 바탕화면에 나오던 장면이다. 직접 보려면 마요르카섬에 가면 된다. 제주도 2배 크기쯤 된다. 1년에 맑은 날이 300일 이상이고, 따뜻해서 유럽인들이 휴양하러 많이 간다. 요즘에는 한국인들의 신혼여행지로 뜨고 있다.

휴양지 마요르카에는 우리에게 친숙한 음악가의 이야기가 있다. 폴란드 작곡가 쇼팽이다. 쇼팽은 마요르카 시내에서 18㎞ 떨어진 산기슭에 있는 작은 마을 발데모사Valldemossa에서 그의 연인 조르주 상드와 함께 1838년 겨울부터 이듬해 초까지 몇 달간 머무른다. 그는 친구 폰타나에게 쓴 편지에서 다음과 같이 마요르카의 아름다운 자연을 묘사한다.

● 팔마 데 마요르카 시내를 걷다 보면 따뜻한 느낌의 노란색 집들과
그 안에 소담스럽게 있는 아틀리에 형식의 안뜰이 인상적이다.

쇼팽은 발데모사의 수도원에 머물면서 24개의 전주곡, C단조의 폴로네즈 op. 40 등 여러 곡을 작곡했다. 우리에게는 24개의 전주곡 중에서 '빗방울'로 알려진 15번이 가장 유명하다. 폭우 속에서 상드를 기다리며 쇼팽이 작곡했다고 한다. 건반 왼손의 규칙적인 반복음이 떨어지는 빗방울을 연상시킨다. 2015년에는 한국인으로서는 최초로 조성진이 쇼팽 국제 피아노 콩쿠르에서 우승하면서 이 전주곡들을 연주하기도 하였다. 그의 연인 조르주 상드 역시 마요르카로의 여행경험을 담아 자전적 여행 소설인 <마요르카의 겨울>을 썼다. 이 소설에서 상드는 추운 유럽의 겨울을 피해 쇼팽의 폐병을 치료하기 위해 온 마요르카 여행과 체류에 대해 자세히 설명한다.

두 사람의 흔적을 찾기 위해서 발데모사 수도원에 차려진 박물관으로 발길을 옮긴다. 쇼팽과 상드가 살았던 4번 방에 들어가니 두 사람의 흔적은 온데간데없고, 덩그러니 그의 피아노만 머물러있다. 세월의 무상함과 함께 두 사람의 예술혼을 느낀다. 이곳에서는 세상을 떠난 쇼팽과 상드를 기리기 위해 1930년부터 피아노 축제를 이어오고 있다. 쇼팽의 작품을 주로 연주한다. 사람은 떠나더라도 예술은 남는다.

• 들라크루아 <조르주 상드> 1834 국립 들라크루아 박물관 소장
•• 들라크루아 <프레데릭 쇼팽> 1838(왼쪽) 루브르 박물관 소장
쇼팽이 작곡에 사용했던 플레옐 피아노와 그의 두상(오른쪽)
Museum Celda de Frédéric Chopin y George Sand 제공

벚꽃놀이

꽃샘추위가 기승이다. 하지만 곧 봄이 올 것이다. 봄이 되면 우리는 벚꽃놀이를 간다. 스페인에서 가장 유명한 벚꽃은 엑스트라 마두라 주에 있는 카세레스의 헤르테 계곡에 있다. 길이 30㎞의 계곡에 무려 200만 그루의 벚나무가 있다.

헤르테 계곡을 가려면 마드리드에서 차량으로 3시간쯤 걸린다. 계곡을 둘러볼 때도 너무 넓어서 도보보다는 차량으로 둘러보기를 추천한다. 벚꽃을 둘러볼 때는 30㎞의 협곡을 직진하거나, 협곡의 마을들을 원형으로 회전하면서 둘러보는 방법이 있다.

특히, 3월 중순 무렵부터 벚꽃이 피기 시작하여 2주 정도 절정을 이룬다. 매년 이맘때 벚꽃축제가 열리는데 올해의 벚꽃축제는 3월 22일부터 4월 6일까지라고 한다.

우리나라의 서울 여의도 벚꽃길에 심어진 나무 대부분이 일본산 '소메이요시노 벚나무'라고 하는데, 헤르테 계곡의 벚나무는 피코 네그로 등 4개의 엑스트라 마두라 자생 품종이라고 한다. 꽃의 색깔이나 크기, 그리고 피어나는 모습을 비교해보는 것도 재미있을 것이다.

혹시라도 벚꽃축제 시즌을 놓쳤다고 하더라도 실망하지 마시라. 5월 초순까지 헤르테 계곡에서는 봄축제가 계속된다. 이 축제는 스페인에서 알려진 전국적인 규모의 꽃 축제로 유명하다. 봄맞이 스페인 여행을 가시는 분들은 꽃구경 한번 가시길 권한다.

• 헤르테 계곡 벚나무

● 헤르테 계곡 벚나무와 벌

그라나다 ①

/

알람브라 궁전과
무어인의 한탄

• 알프레드 데호덴크 <보압딜왕의 그라나다와의 작별> 1869 오르세 미술관 소장

시인 프란시스코 데 이카사가 그의 아내인 베아트리체에게 그라나다의 아름다움을 묘사하면서 쓴 구절이다. 알람브라 궁전 아다르베스 정원 벽에 새겨져 있다. 그만큼 알람브라의 아름다움은 매혹적이다. 알람브라는 그라나다를 지배한 이슬람 왕국인 나스리드 왕국의 술탄 무함마드 1세가 왕궁이자 요새로 정한 곳이다. 만년설이 덮여있는 시에라 네바다 산맥을 등지고 높은 곳에 지었다. 이베리아반도를 지배한 마지막 이슬람 왕국은 이곳에 많은 돈을 들여 250년간 화려하게 꾸며놓았다.

1492년 스페인의 이사벨 여왕에게 빼앗기면서 남긴 일화는 역사적 사실로 남았다. 마지막 왕인 보압딜은 눈 덮인 시에라 네바다 산맥을 넘으며 그라나다 땅을 떠나면서 알람브라 궁전을 바라보며 긴 한숨을 쉬었다고 한다. 아름다운 궁전과 영토를 기독교 세력에게 빼앗기고 쫓겨나는 비참한 심경을 담았다. 그들이 넘던 그 고개를 '무어인의 한숨 고개Puerto del Suspiro del Moro'라고 부른다. 이 장면은 아래에 있는 알프레도 데호덴크의 유화에 잘 표현되어 있다. 무어인들의 한탄과 비통함이 느껴진다.

나사리에스 궁전

얼마나 아름답기에 떠나면서 눈물까지 흘렸을까? 맞다. 필자는 스페인에서 가장 아름다운 곳 중 하나를 고르라면 주저하지 않고 그라나다의 알람브라 궁전을 꼽는다. 이곳은 스페인 영토에서 가장 완벽하게 남아 있는 이슬람 건축이다. 화려함과 절제미가 느껴진다. 이 궁전을 걷다 보면 왜 무어인들이 이 궁전을 떠나며 눈물지었는지 느낄 수 있다. 스페인을 방문할 때마다 알람브라를 찾게 되는 이유이기도 하다.

특히 나사리에스 궁전Palacio Nazaries은 알함브라의 백미이다. 스페인 정부에서 문화유산을 보호하기 위해서 하루에 입장객 수를 엄격히 제한하는 곳이다. 궁전에 들어가면 아라야네스 중정을 만난다. 긴 장방형의 연못과 여기에 반사되는 왕궁의 모습이 특히 인상적이다. 무슬림들은 궁전 안으로 생명을 상징하는 물을 끌어들여 정원을 장식했다. 고개를 들어 정면을 보면 반듯한 장방형의 연못 및 궁전 배치와 대조되는 반원형 아치가 눈에 띈다. 궁전 안팎을 자세히 뜯어보면 벽돌, 세라믹, 석회, 목재 등의 재료로 정교한 격자형 무늬와 코란의 구절을 표현한 칼리그라피로 궁전의 안팎을 장식해놓았다. 전형적인 무어인들의 건축양식이다. 알람브라의 건축양식은 무어인들이 이베리아반도를 지배할 때 그들 건축양식의 원류를 보여 주는 것이다. 이 건축양식은 스페인에서 기독교와 이슬람의 건축양식이 혼합되어 나타나는 무데하르 양식의 근원이 되었다고도 할 수 있다.

발걸음을 옮겨 사자들의 궁으로 가보았다. 중정에는 12마리의 사자상으로 만들어진 대리석 분수가 설치되어 있다. 매시간 정각마다 사자의 입에서 물이 나오도록 설계된 이 사자상들은 진품을 복원한 제품이다.

사자들의 궁_{Palacio de los Leones} 북쪽으로 가면 두 자매의 방_{Sala de Dos Hermanas}이다. 고개를 들면 알람브라 궁전 전체에서 가장 정교하게 지어진 모카라베 양식의 천정이 나온다. 이곳은 술탄의 후궁들이 함께 기거하던 곳이다. 후궁들이 같이 모여 살아서 붙여진 이름이라는 이야기가 있다. 어떻게 그럴 수가 있을까? 술탄을 두고 후궁들이 애정의 암투를 벌이는 것이 정상 아닌가? 그런데, 이는 이슬람의 일부다처제에 대한 잘못된 시각 때문일 수도 있다. 이슬람의 일부다처제는 빈번한 전쟁 때문에 생긴 미망인과 고아들을 부유한 남성 한 명이 여러 명의 여성과 결혼하여 부양하는 제도였다. 빈약했던 사회복지제도를 보완하여 공동체를 유지하는 역할을 했을 수도 있다. 이처럼 어떠한 문화를 접할 때 경도된 시각을 갖지 않고 보는 것이 중요하다.

● 사자들의 궁

• 두 자매의 방. 천정은 수천 개의 화려하고 환상적인 별장식을 이루고 있는데
이는 훗날 안토니오 가우디의 카사 밀라의 몽환적인 천장 장식으로 구현되었다.

- 궁전에서 내려다본 알바이신과 마을풍경.
  약 800년 전 이슬람 왕들은 창 너머 마을의 백성들을 바라보며 무슨 생각을 했을까?

그라나다 ②

폐허 속에서 찾은 진주,
알람브라 궁전

"

우리는 코마레스 타워의 이 웅장한 전망대에서

즐거운 기행을 멈춰야 합니다.

태양은 이미 산 위로 떠 오르고 있으며,

타오르는 빛으로 궁전의 창을 채우는 데 온 힘을 다하고 있습니다.

우리의 머리는 타오르는 열기를 견디지 못하고,

기와지붕 위에 놓인 우리의 발은 그 뜨거움을 지탱하지 못합니다.

아래로 내려가 사자들의 분수를 둘러싸고 있는

기둥 아래로 대피합시다.

"

미국의 낭만주의 작가 워싱턴 어빙의 책 <알람브라의 이야기 Cuentos de la ALHAMBRA>에 나오는 구절이다. 무어인들이 떠난 이 궁전에는 가톨릭 군주가 들어왔다. 가톨릭의 무관심으로 쇠락해가던 알람브라는 18세기에는 나폴레옹의 군사 주둔지로 사용되면서 거지들의 소굴로 전락하게 되었다. 허물어지고 잊혀 가던 알람브라는 어빙의 소설을 통해 전 세계에 널리 알려지게 된다. 그는 약 800년간 이슬람이 스페인을 지배하면서 남긴 가장 위대한 보물인 알람브라 궁전을 폐허로부터 다시 찾아냈다. 스토리의 힘은 위대하다.

어빙은 3년 동안 마드리드의 미국대사관에 근무하였다. 그는 스페인의 역사와 문화에 심취한 나머지 1829년 알람브라 궁전으로 온다. 폐허가 되어가는 궁전에서 기거했다. 그의 발자취를 찾고자 어빙이 머문 방으로 발걸음 옮겼다. 방 위에는 "워싱턴 어빙은 이 방에서 1829년 알람브라 이야기를 썼다"라고 대리석에 새겨져 있다. 어빙의 숨결이 느껴지는 듯하다. 그는 알람브라에 머물며 보고 들은 이야기를 토대로 1832년 5월 영국과 미국에서 동시에 이 책을 발간한다. 책에는 알람브라에 관한 총 45개의 이야기가 실려있다. 어빙의 책은 전 세계적인 관심을 끌게 되었고, 1851년에는 개정판까지 나오게 되었다. 이후 스페인 정부는 파괴되고 방치된 알람브라 궁전의 많은 부분을 복구하였다. 이러한 노력은 빛을 발해 1984년에는 알람브라 궁전, 헤네랄리페 정원과 그 옆에 있는 알바이신 언덕이 유네스코 세계유산으로 지정되었다.

• <워싱턴 어빙 초상화> 다니엘 헌팅턴
National Portrait Gallery, Smithsonian Institution 제공
•• 워싱턴 어빙이 기거한 방

알람브라 궁전에서 발길을 옮겨 유네스코 세계유산으로 함께 지정된 헤네랄리페Generalife로 간다. 13세기에서 14세기 사이에 건설된 헤네랄리페는 알람브라 궁전 옆 세로 델 솔Cerro del Sol 경사면에 자리 잡았다. 이곳은 술탄의 여름 별궁이자 휴양지였다. 그라나다의 광활하고 비옥한 지형은 농사와 조경에 적합하였다. 무어인들은 다로 강에서 헤네랄리페까지 거대한 운하를 이어 정원을 만들었다. 이 별궁은 중앙에 수영장이 있는 넓은 파티오와 양쪽 끝에 있는 두 개의 건물로 구성되어 있다. 1492년 이사벨 여왕이 아람브라요 군주에게 헤네랄리페를 하사해서 베네가스 가문이 소유하게 되었다. 이후 그라나다 주 정부와의 긴 소송을 거쳐 1921년 주 정부에 반환된 사연을 가지고 있다.

낮의 알람브라와 밤의 알람브라는 그 모습이 확연히 다르다. 야경을 꼭 보러 가야 한다. 산니콜라스 전망대에서 보는 알람브라의 야경은 감동적이다. 밤에 보는 알람브라 궁전은 낮에 봤던 거대함은 사라지고 섬세하고 소박함이 돋보인다.

알람브라는 스페인 문화의 개방성과 공존을 상징한다. 비록 자신들의 나라를 지배했던 이슬람의 문화지만 스페인 사람들은 이를 거부하거나 없애버리지 않았다. 그들의 마음에 다시 품었다. 그 결과 알람브라는 전 세계 어디에도 없는 가장 스페인다운 문화적 걸작이 되었다.

• 카를로스 5세 궁전. 르네상스 스타일로 건축된 이 건물의 1층에 알람브라 박물관이 있다.
•• 헤네랄리페(왼쪽). 삼나무 줄기와 19세기에 만든 분수가 인상적인 술탄의 정원(오른쪽)

산니콜라스 전망대에서 바라본 알람브라 궁전의 야경

그라나다 ③

레콩키스타의 완성과 스페인의 번영

그라나다는 스페인이 역사의 중요한 변곡점을 맞이할 때마다 증인이 되었다. 1492년 1월 2일 그라나다를 지배한 나스리드 왕국의 마지막 술탄인 보압딜은 그라나다 왕국으로 들어가는 열쇠를 가톨릭 공동 왕이사벨과 페르난도에게 건넸다. 약 800년간 이어진 이슬람의 아라비아반도 통치가 종식되는 순간이었다. 722년 코바동가 전투에서 시작된 레콩키스타국토수복전쟁는 '그라나다의 항복'을 통해 완성되었다. 가톨릭이 이슬람에 승리하게 되었다.

이슬람으로부터 되찾아온 나라를 바로 세우기 위해서 그들은 가톨릭에 독실하게 귀의한다. 그라나다에 대한 여왕의 애착은 그 유언에도 나타나 있다. 이사벨 여왕은 생전에 "내 유해는 그라나다의 알람브라 궁전에 있는 성

• <그라나다의 항복> 프란시스코 프라디야 오르티즈 1882년 작
Salón de los Pasos Perdidos of the Spanish Senate Palace 소장

프란시스 수도원에 안치되기를 희망합니다. 이처럼 명령합니다"라고 하였다. 페르난도 왕 역시 그의 유언장에서 왕비의 곁에 묻히기를 희망하였다. 그리하여 통일된 가톨릭 왕국 에스파냐를 만든 가톨릭 공동 왕이사벨과 페르난도은 그라나다의 왕실 예배당Capilla Real de Granada에 묻히게 된다. 그라나다 왕실 예배당에 들어가면 두 사람의 유해를 모셔 놓고 스페인을 세운 국부와 국모로 추앙하는 모습을 볼 수 있다.

그라나다 왕실 예배당 옆을 보면 그라나다 대성당이 서 있다. 무어인으로부터 항복 받고 그라나다를 건네받은 후 1526년부터 무슬림들의 모스크가 있던 곳에 톨레도 대성당을 참조하여 짓기 시작하였다. 1706년까지 거의 200년간의 대공사를 거쳐 완공하였다. 르네상스 양식의 돔과 고딕 양식의 정면이 결합한 독특한 건축양식을 보여주고 있다.

왕실 예배당에서 큰길을 건너면 이사벨 라 가톨리카 광장Plaza Isabel la Catolica이 나온다. 광장에는 무릎을 꿇은 콜럼버스와 왕좌에 앉아서 콜럼버스의 간청을 허락하는 이사벨 여왕의 모습이 있다. 이는 '산타페 항복'을 묘사하는 것이다. 산타페 항복은 가톨릭이 그라나다를 점령한 직후인 1492년 4월 17일 그라나다 부근의 산타페 데 라 베가에서 크리스토퍼 콜럼버스가 가톨릭 공동 왕이사벨과 페르난도에게 아메리카 탐험의 지원을 간청하여 이를 허락받은 문서이다. 유네스코 세계기록유산으로도 남아있는 산타페 항복 문서 원본 때문에 콜럼버스가 1492년에 아메리카 대륙을 발견하였다는 역사적 사실이 입증된 셈이다. 가톨릭의 힘으로 통일된 스페인 왕국의 자신감은 콜럼버스의 신대륙 탐험을 후원하고 뒷받침한다. 결과적으로 스페인이 중남미를 지배하여 스페인의 '황금시대Siglo de Oro'라는 번성기가 열리는 계기가 된다.

그라나다 대성당에서 작은 골목을 빠져나오면 비브람블라 광장이 나온다. 무어인들이 그라나다를 지배하던 때부터 형성된 광장이다. 비브람블라Bib-Rambla는 아랍어에서 기원한 이름으로 '모래로 된 문'이라는 뜻이다. 그라나다를 흐르던 다로 강의 둑에서 가깝다는 의미이다. 그라나다를 점령한 후 가톨릭은 이 광장을 투우나 승마대회, 심지어 죄인의 공개처형을 위한 장소로 사용하기도 했다. 지금은 츄로스 카페와 음식점들이 들어서 있으며, 그라나다에서 가장 번화한 쇼핑 거리가 이어져 있다.

저 멀리 눈 덮인 시에라 네바다 산맥이 보인다. 그라나다를 빼앗기고 아프리카로 돌아가는 무슬림들이 지나간 '무어인의 한숨 고개'가 저 멀리 어렴풋이 보이는 듯하다.

• 그라나다 왕실 예배당과 그라나다 대성당

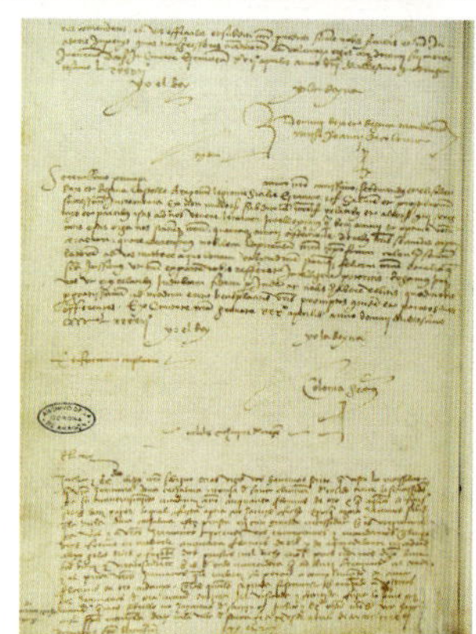

● 이사벨 라 카톨리카 광장
●● 산타페 항복 문서 원본
ARCHIVO DE LA CORONA DE ARAGÓN 소장

146

비브람블라 광장

시에라 네바다 산맥과 그라나다 시내 모습

왕의 오솔길,
카미니토 델 레이

● 카미니토 델 레이 산책로

- 1921년 알폰소 13세 카미니토 델 레이 방문 사진 unesco.caminitodelrey.info 제공
- 카미니토 델 레이 옛 산책로 unesco.caminitodelrey.info 제공

스페인은 우리나라보다 국토의 크기가 다섯 배 이상이다. 그만큼 트레킹할 곳도 많다. 코로나19 이후 필자가 우리나라 사람들에게 처음으로 소개했던 트레킹 코스가 있다. 말라가 지역에 있는 왕의 오솔길, 카미니토 델 레이Caminito del Rey다.

왕의 오솔길로 불리게 된 내력이 재미있다. 원래 이 길은 20세기 초 말라가 지방의 엘 초로El chorro 지역에 건설된 수력 발전소의 물자를 운송하기 위해 만들어진 길이다. 1921년 수력 발전소 완공 후 스페인의 국왕인 알폰소 13세가 완공을 축하하기 위해 직접 이 길을 걸었다고 하여 '카미니토 델 레이Caminito del rey'로 불리게 되었다.

워낙 험준한 바위 지형에 길을 만들다 보니 처음에 만들어진 통행로는 불안하기 짝이 없었다. 바위에 콘크리트와 바위 계단을 매달아 좁은 통로를 만들었다. 카미니토 델 레이를 트레킹하다가 안전사고가 잇따라 생겨 사람들이 죽자 말라가 정부에서 2015년 전면적으로 산책로를 손봤다. 지금은 아주 안전하게 만들어졌다.

왕의 오솔길은 모두 7.7㎞이다. 순환 코스가 아닌 북쪽에서 남쪽으로 내려가는 일방통행으로 되어 있다. 전체 코스를 걷는 데 걸리는 시간은 약 2시간 30분에서 3시간 정도 걸린다.

왕의 오솔길에 올랐다. 구아달오르세 강을 굽이도는 깊이 700m의 로스 가이타네스 협곡이 웅장하다. 이 협곡의 100m가 넘는 깎아지른 듯한 절벽 위에서 아래를 바라보니 정신이 아득하다. 안전요원이 있고 안전 장비가 충분하지만, 고소공포증이 있다면 절대 밑을 내려다보면 안 된다! 그 자리에 주저앉을 수 있다. 대신 동굴과 산, 계곡, 호수의 풍경을 느긋하게 감상하면서 걸으면 된다.

왕의 오솔길은 험준한 산악지형을 이용한 인공물에 알폰소 13세의 대중적이고 친숙한 이미지가 결합되었다. 왕이 다녀갔다는 역사적 사실과 스토리를 합쳐 많은 관심을 끌었고, 좋은 관광상품의 모범사례가 되었다. 국내외 관광객들을 끌어들여 낙후된 지역을 발전시키는 도시재생의 잘 된 사례라고 할 수 있다. 카미니토 델 레이를 걸으며 오늘 하루 동안 왕이 된 기분을 느껴 보시라.

● 카미니토 델 레이 산책로

• 카미니토 델 레이 산책로

돈키호테 ①

괴물 거인과 싸운 곳, 콘수에그라

● 콘수에그라 성에서 바라본 콘수에그라 마을

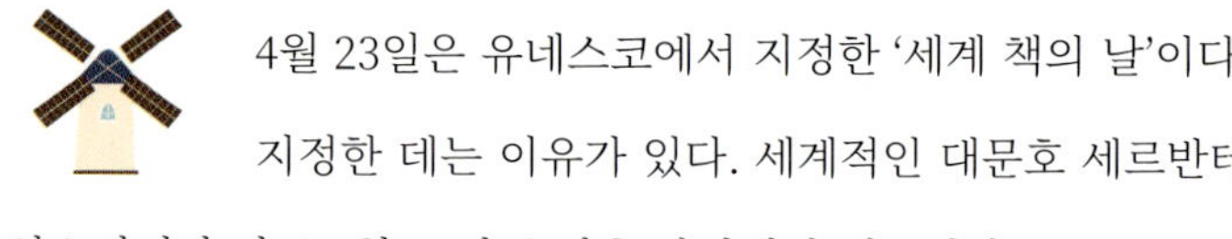4월 23일은 유네스코에서 지정한 '세계 책의 날'이다. 이날을 지정한 데는 이유가 있다. 세계적인 대문호 세르반테스와 셰익스피어가 바로 4월 23일 유명을 달리했기 때문이다.

문득 세르반테스가 남긴 「돈키호테」를 다시 펼쳐 들고 싶어졌다. 돈키호테는 세르반테스가 쓴 세계 최초의 현대 소설이다. 2편으로 구성된 소설은 세계 최초의 대화체narrative 문학작품으로서 서구 대화체 문학의 뿌리가 되었다. 그 결과 전 세계 50여 개국의 언어로 번역되어 출간되었다. 성경 다음으로 많이 팔리고 읽힌 책이라는 평가가 뒤따른다.

돈키호테 소설에서 우리에게 가장 널리 알려진 인상적인 장면의 배경인 콘수에그라에 들렀다. 소설에서 돈키호테는 풍차를 괴물 거인으로 착각하고 말을 타고 돌진하는데, 그곳이다. 콘수에그라 성에서 본 시내의 모습은 작고 아담하다.

콘수에그라의 풍차는 칼데리코 능선에 줄지어 있다. 라만차La Mancha 평원 위로 솟아오른 야트막한 바위산이다. 이곳은 본래 이슬람이 방어를 위해 성을 지었으나, 12세기에 가톨릭에서 고쳐 확장하였다. 언덕의 중심에 콘수에그라 성이 있다. 이 능선에는 돈키호테 소설의 배경이 되었던 16세기를 즈음하여 지어졌던 풍차 12개가 있다. 12개의 풍차 중에서 5개 정도는 여전히 밀을 빻을 때 사용할 수 있을 정도로 보존 상태가 좋다. 가장 유

콘수에그라의 풍차
세르반테스가 돈키호테 소설을 구상하면서
등장인물들의 이름을 적어놓은 친필 스케치 노트
Biblioteca Nacional de España 소장

명한 풍차는 몰리노 산초Molino Sancho로 알려진 풍차인데, 소설에서 나온 바로 그 산초 판사의 이름을 따서 지은 것이다.

그런데 돈키호테가 왜 미치광이가 되어 풍차를 향해 돌진하였을까? 소설에서는 돈키호테라는 미치광이 인물을 빌려왔다. 당시 위선이 가득한 중세의 지배층을 우회적으로 비판하고 있다. 풍차는 당시의 불합리한 사회 제도나 지배체제가 아닐까? 돈키호테는 기사의 로맨스 소설 스토리를 빌리고 있다. 주인공은 우리 주변의 평범한 사람이고, 현실적인 배경을 띠고 있다. 돈키호테는 그동안 판타지와 허구 중심이던 소설을 현실 세계로 끌어들였다. 중세의 소설 문학은 귀족 등 현실 세계와 동떨어진 인물들이 주인공이었지만, 돈키호테는 우리 주변의 평범한 사람을 주인공으로 등장시킨 사실주의 소설의 시초라고 할 수 있다. 그리고, 세르반테스는 돈키호테를 초월적인 존재가 아닌 현실 세계의 인물로 묘사한 휴머니스트라고 할 수 있다. 책의 날을 맞아 문학의 힘과 위대한 작가의 힘을 다시 한번 느낀다.

돈키호테 ②

기사 작위를 받은 곳,
푸에르토 라피세

풍차마을 콘수에그라에서 남쪽으로 조금 더 달리면 푸에르토 라피세 마을이 나온다. 소설에서는 이 마을에서 돈키호테가 기사 작위를 받는다. 소설 돈키호테의 1편 3장의 구절을 번역해 본다.

> 손님을 골려주려던 생각이 실수였음을 깨달은 여관 주인은 문제를 짧게 끝내고 더 이상의 불운이 일어나기 전에 그에게 기사 작위를 수여하기로 했습니다…
> 신께서 당신의 숭배를 받아 행운의 기사로 만들고, 전투에서 승리하게 해주시기를 바랍니다.

소설에서 여관 주인은 괴물을 찾아 무찌르려는 한다는 돈키호테가 조만간 큰 사고를 칠 것 같아, 이쯤에서 문제를 키우지 않기 위해서 검을 들고 기사 작위를 주는 흉내를 내는데, 이 장면을 묘사한 것이다. 미치광이 돈키호테의 헛소리를 들어주는 척한 것이다.

돈키호테가 하룻밤 묵은 장소이자 기사 작위를 받은 곳인 여관 벤타 델 키호테로 발길을 돌렸다. 여관은 소설의 배경이 되었던 16세기 스페인의 라만차 지방의 전형적인 시골 주택의 모습이다. 건물은 여러 칸으로 나누어져 있고, 중앙에는 정파티오, 우물, 물통, 말을 위한 마구간이 있다. 손님들이 식사하는 식당에는 커다란 와인 항아리가 3~4개 놓여 있고, 안팎에는 돈키호테와 관련된 여러 가지 장식들도 있다.

돈키호테는 1605년 1편이 출간되고 1615년 2편이 출간되었다. 세르반테스가 57세와 67세 때의 일이다. 돈키호테가 출간될 때 스페인은 서서히 쇠퇴하기 시작할 무렵이었다. 돈키호테는 역사적인 맥락에서 당시 스페인의 시대 상황을 잘 반영하는 작품이었다. 크리스천, 무어인, 유대인이 어울려 살던 카스티야왕국은 1492년 이사벨 여왕이 그라나다를 점령하면서 통일된 가톨릭 왕국이 되었다. 세르반테스 시대에는 다수를 차지하는 올드 크리스천Old Christian과 개종한 무어인과 유대인을 위주로 하는 소수의 뉴 크리스천New Christian으로 이분된 사회로 구조가 변경되었다. 올드 크리스천은 기득권이고, 뉴 크리스천은 새로 등장한 세력이다. 이에 더해서 로마 가톨릭에 대한 충성이 강조되면서 가톨릭의 지배 이데올로기에 대한 검열이 강화되었다.

이러한 사회적 구조 속에서 세르반테스는 의도적으로 지배적 이데올로기의 입장에서 양면적으로 해석될 수 있는 수사법과 반어법을 동원하였다. 아마도 엄혹했던 검열을 피하고자 하는 의도가 있었던 것으로 보인다. 돈키호테의 광기 그 자체는 사회의 규범과 기대로부터 주인공 자신을 소외시키는 기제로 작용하기도 한다. 돈키호테는 태생적인 신분에 의해서 사람의 가치가 정의되고, 사람의 계급과 카스트에 의해서 사회적 역할이 부여되는 지배적인 질서에 동조하기를 거부한 선각자였다.

이러한 소설 플롯을 통해 사회구조를 우회적으로 비판한 세르반테스는 정말 대단한 문호였다. 카스티야라만차 지방에는 무려 148개 마을에서 돈키호테와 미겔 데 세르반테스라는 이름이 들어가는 곳이 있다고 하니 놀랄 따름이다. 소설의 배경이 되었던 곳에 서서 다시 한번 위대한 소설의 감동을 느낀다.

● 돈키호테가 하룻밤 묵어간 여관인 벤타 델 키호테 전경

말라가 ①

피카소는
"나는 안달루시아의 작은 물잔에서
태어났다"라고 말했다.

 필자는 어릴 때부터 여행을 많이 다녔다. 아버지는 주말이 되면 우리 4남매를 데리고 시골과 산이나 섬으로 떠나셨다. 항상 자연과 함께 사진으로 추억을 남겨 주셨다. 섬에 가서 일요일 오후 배편이 끊기는 바람에 월요일에 학교 못 가면 어떡하냐고 울었던 기억도 난다. 여행과 사람을 좋아하신 부모님 덕분에 대학 때 중남미 여행을 떠날 수 있었고, 지금까지 여행과 관련된 글을 쓰고, 일을 하고 있다. 어쩌면 삶과 여행은 이처럼 사소하지만, 소중한 추억이 우리의 삶에 원동력이 된다.

말라가도 그런 곳이다. 연중 300일 이상이 맑은 기후이고 연평균 기온이 19도로 온화하다. 지중해를 끼고 있는 천혜의 자연환경 덕분에 많은 예술가를 낳았다. 좋은 기후가 예술가의 자양분이 된 도시임이 틀림없다.

● 지중해를 바라보고 있는 말라가 시내의 새벽 풍경. 스페인 관광청 제공
●● 로마 시대 유적지인 로마 원형 극장

말라가는 20세기 전반까지도 농업과 목축업을 주로 하던 조그만 시골 도시에 불과하였다. 하지만 1930년경부터 말라가와 주변 해안지역은 태양의 해변, '코스타 델 솔'에 포함되었다. 스페인 남동부 안달루시아주에 있는 총 160㎞에 달하는 세계적인 관광지이다. 할리우드 스타들이 이곳에서 여름을 보내면서 명성을 얻게 되었고 본격적인 휴양지로 뜨게 되었다. 1960년대부터 1970년대 말까지는 코스타 델 솔이 중앙 정부의 정책적인 배려에 힘입어 휴양지로 더욱 자리매김하게 되었다.

피카소를 낳은 곳, 말라가! 지중해를 끼고 있는 항구 도시답게 넓은 도로마다 큰 야자수 나무로 둘러싸여 있다. 도시 곳곳에는 로마 시대와 이슬람의 유적을 찾아볼 수 있다. 말라가는 독특하고 이국적인 풍경 때문에 유럽인들뿐 아니라 스페인 사람들의 여름 휴가지로 사랑받는 도시이다. 필자는 이곳에서 꼭 '한 달 살기'를 해보라고 권한다.

세계적인 예술가 파블로 피카소는 자기 뿌리인 말라가에 대해서 늘 이야기하곤 했다. "나는 안달루시아의 작은 물잔에서 태어났다"라고 말이다. 13살 때 이미 미술 교사인 아버지의 실력을 뛰어넘어 세계적인 거장이 될 재목이 되었다. 다음 회부터 피카소 이야기를 본격적으로 풀어가고자 한다.

- 왼쪽은 바로 로마 시대 유적인 로마 원형 극장이 있고, 오른쪽
  으로 올라가면 이슬람 시대의 유적인 알카사바가 나온다.
  스페인에서는 여러 개의 문화가 공존하는 유적이 많다.
- 알카사바는 말라가 도시를 내려다보며 도시를 방어하고 있다.

말라가 ②

피카소 예술의 뿌리

 피카소의 예술혼은 말라가에서 싹텄다. 1881년 10월 25일, 파블로 피카소는 말라가에서 태어나 어린 시절을 보냈다. 그의 작품 세계를 탐구하려면 그가 태어난 곳을 기념하는 피카소 생가 박물관을 가볼 필요가 있다.

피카소 생가 박물관으로 발길을 옮겼다. 피카소 생가 박물관에는 많은 작품을 전시하고 있지는 않다. 하지만, 말라가가 그의 예술 작품의 뿌리임을 알려준다. 박물관에 들어가면 피카소가 어린 시절에 미술 교사였던 아버지로부터 그림을 배우기 시작했던 흔적들이 제일 먼저 보인다.

여기서 독자들께 생가 박물관에서 놓치지 말아야 할 두 가지 포인트를 알려드린다. 무엇보다도 생가 박물관에 전시된 가장 중요한 소장품은 '아비뇽의 처녀들' 스케치북의 원본 그림이다. 아비뇽의 처녀들은 피카소의 큐비즘이 시작됨을 알 수 있는 최초의 작품으로 CNN에 의해 선정된 피카소의 7대 걸작에 포함된 작품이다. 큐비즘은 사물을 있는 그대로 보고 그리는 르네상스 시대의 화풍에서 완전히 벗어난 사조이다. 전통적인 원근법과 공간법에서 벗어나 사물을 기하학적인 형상으로 환원하여 재구성해서 그리는 방법이다.

그다음은 비둘기이다. 생가 박물관에는 비둘기가 그려진 도자기 기념품을 판매하기도 한다. 피카소가 가장 먼저 연습한 그림의 주제는 비둘기였다. 그는 딸 이름을 스페인어로 비둘기를 의미하는 '팔로마paloma'라고 짓기도 하였다. 피카소가 비둘기를 즐겨 그린 데에는 그의 아버지의 영향이 컸다.

비둘기에 관한 작품을 자주 그렸던 데 대해서 그의 예술세계와 무관하게 정치적 성향으로 해석하기도 한다. 피카소는 주로 작품활동을 했던 프랑스에서 공산당에 가입하였고, 1973년 사망할 때까지 평생 그 정치적 성향을 숨기지는 않았다. 미국의 CIA에서도 피카소를 공산주의자로 분류하였다.

하지만, 정치적인 성향과는 별개로 무엇보다도 그는 전쟁을 싫어한 평화주의자였음이 분명하였다. 그의 작품 <게르니카>와 <한국에서의 학살>은 전쟁의 참상을 고발한 작품으로 유명하였다. 피카소는 고국 스페인에서 벌어진 내전의 참상을 마음 아파했고, 스페인에 전쟁이 끝나지 않으면 절대 돌아가지 않는다고 밝히기도 했다.

피카소는 죽을 때까지 붓을 놓지 않았다. 그는 어린아이 같은 순수함을 끝까지 추구했다.

> 라파엘처럼 그리는 데는 4년이 걸렸지만,
>
> 어린아이처럼 그리는 데는
>
> 평생이 걸렸습니다.

피카소의 말이다.

- 파블로 루이스 피카소
  스페인 관광청 제공
- 파블로 피카소 작
  Museo Casa Natal Picasso 소장

• 피카소 생가 박물관은 메르세드 광장(Plaza de la Merced) 옆에 있다.
•• 피카소 생가 미술관(Museo Casa Natal de Picasso) 앞에 있는 피카소 동상(왼쪽)과
  피카소 생가 박물관 정문(오른쪽)

말라가 ③

지상의 낙원을
연상케 하는 도시

• 말라가 시내 야경. 저 멀리 말라가 대성당과 알카사바가 보인다. 스페인 관광청 제공

말라가는 온화한 지중해성 기후 때문에 많은 관광객이 찾는다. 항상 말라가는 활기차다. 필자가 스페인을 갈 때마다 말라가를 찾는 또 다른 이유는 도시의 색감이다. 곳곳에 있는 야자수와 스페인 전나무가 도시를 감싸고 있다. 말라가는 녹색의 푸르름이 밑바탕이 된다. 여기에 더해 코발트 빛 지중해와 와인 빛 석양이 함께 한다. 지상의 낙원을 연상케 하는 이국적인 색감을 자랑한다.

이런 말라가의 느낌을 제대로 감상할 수 있는 장소를 소개한다. 바로 말라가 대성당이다. 스페인에 있는 여러 대성당처럼 원래 이곳은 알자마 모스크가 있던 자리였는데 성당으로 개조했다. 국토수복전쟁인 레콩키스타의 막바지 시점인 1487년에 가톨릭이 다시 말라가를 차지하게 되었다. 뒤늦게 몰려온 르네상스의 물결과 함께 16세기 초반 가톨릭 군주는 고딕 양식으로 성당 건축을 시작하였고, 18세기 무렵까지 계속 짓게 되었다. 오랫동안 짓는 바람에 대성당 외부는 고딕 양식으로, 대성당 내부는 르네상스와 바로크 양식이 결합한 모습이다.

스페인의 대성당들이 그러하듯이 성전 건축에 드는 막대한 자금을 조달하지 못하거나 전란 때문에 공사가 중단되기도 해서 여러 건축양식이 결합해 있다. 스페인에서 가장 아름다운 르네상스 성당중 하나로 꼽는 말라가 대성당은 바로 앞면에 있는 파티오가 특징이다. 원래 모스크가 있던 흔적이 그대로 남아 있는 셈이다.

말라가 대성당을 독자들께 추천하는 이유는 대성당 옥상에서 바라보는 석양 때문이다. 옥상까지 관광객이 올라갈 수 있는 성당이 스페인에서는 많지 않을뿐더러 석양의 풍경은 압권이다. 저녁 무렵 말라가 대성당의 옥상에 올라가 시내를 내려다보면 도시 전체가 황금빛과 와인빛으로 불탄다. 멀리 보이는 지중해 너머로 해가 넘어가면서 말라가 시내에 하나둘 불이 켜지기 시작한다. 코발트 빛이 점점 황금빛으로, 마지막에는 와인빛으로 변해가는 장면은 잊을 수 없는 감동을 선사한다.

알카사바와 로마 원형 극장의 입구를 지나면 말라가 사람들이 카페테리아 테라스에 앉아 수다를 떨며 커피를 마시고 있다. 그중에서 스페인 현지인들이 사랑하는 레스토랑이자 필자가 말라가에 올 때마다 가는 '엘 핌피El Pimpi'에 꼭 방문해보시라. 문을 연 지 50년 남짓밖에 안 되었는데, 스페인에서 이 정도 역사면 짧은 편이다. 레스토랑이 처음 설립될 무렵부터 시 낭송회, 문학 토론회 등을 활발히 해와서 현지인들에게는 사랑방 같은 곳이라고 한다. 계절마다 바뀌는 안달루시아, 말라가 요리와 와인이 유명하다. 원래 이곳은 와이너리로 출범했다. 식당 한편에는 영화배우 안토니오 반데라스를 비롯한 유명인들이 와인 오크통에 사인을 남겨놓았으니 이름을 찾아보는 재미도 쏠쏠하다.

- 말라가 대성당 야경. Catedral de Málaga 제공
- 말라가와 지중해(왼쪽)
  스페인 현지인들이 사랑하는 레스토랑 '엘 핌피' 전경(오른쪽)

스페인의 궁정화가 ①

프란시스코 데 고야

이번 회부터 몇 회에 걸쳐 스페인의 궁정화가를 소개한다. 프란시스코 데 고야. 그는 18세기 중반에 태어나서 19세기 초반까지 활동하였는데, 1789년 스페인의 카를로스 4세에 의해 궁정화가로 임명되었다. 궁정宮廷화가란 스페인의 왕실에 소속되어 그림을 그리던 사람들이다. 우리에게 고야는 왕실을 그린 작품보다는 <옷을 입은 마하>, <옷을 벗은 마하> 등 미술 교과서에 실린 작품으로 더 유명하다. 카메라가 없던 시절에 궁정화가는 왕과 왕비, 그 가족들을 그렸다. 지금으로 치면 일종의 기록사 또는 기록비서관 정도의 역할이었을 것이다. 당시 프랑스 등 유럽의 다른 나라에서도 보편적으로 존재하던 직업이었다. 이들은 스페인에서 선망받던 직업이었다. 무명의 화가도 궁정화가로 임명받으면 부와 명예가 한꺼번에 보장되곤 했다. 고야는 궁정화가로서 왕실 작품을 그렸지만, 그밖에 다른 서민들을 묘사하는 작품도 많이 남겼다는 점에서 다른 궁정화가와 대비된다.

필자는 유럽의 어느 한 박물관 컬렉션에서 우리나라에 소개된 적 없는 고야의 그림을 발견하고 기쁨을 감출 수가 없었다. 궁정화가로서 그의 화풍을 아낌없이 보여주는 작품은 아래에 있는 그림인 <마누엘라 카마스와 데 라스 헤라스Manuela Camas y de las Heras>이다. 그림의 주인공은 마누엘라 까마스 부인이다. 그녀는 바로 고야의 친구이자 조언자였던 후안 아구스틴 세안 베르무데스의 배우자였다. 그녀의 드레스와 머리 장식을 묘사한 섬세한 붓 터치는 부인의 우아함을 잘 나타낸다. 고야가 프랑스에서 활동하면서 익힌 로코코 화풍을 아낌없이 보여준 작품이라고 할 수 있다.

고야는 유명한 궁정화가였지만 기록 화가이기도 했다. 앞에서 본 작품과 대비되는 기록 화가로서의 화풍을 잘 보여주는 그림은 바로 <칼을 가는 남자El Afilador>이다. 서민적인 거친 화풍이지만 세밀하다. 작품의 주인공인 남자의 얼굴은 피로에 찌든 것처럼 보인다. 그림을 잘 보면 칼을 가는 남자의 옆으로 기계의 열을 내리기 위해 떨어지는 미세한 물줄기까지 묘사하였다. 이 그림은 나폴레옹이 스페인을 침공했던 시절에 이에 대항한 민중들이 유일한 무기였던 칼을 가는 모습을 그린 것이다.

비슷한 시기에 그려진 기록 화가로서의 또 다른 작품은 <전쟁 장면

Escena de guerra>이다. 나폴레옹 점령 시기를 묘사한 그림이다. 회색 하늘에 폭풍우가 몰아치고 있는 황량한 풍경 속에서 도적 떼가 몇몇 사람들에게 총격을 가하고 있다. 자세히 보면 흰옷을 입은 사람이 두 팔을 들고 저항하는데 아마도 자신의 결백을 암시하는 듯하다.

이 작품과 비슷한 <1808년 5월 3일 또는 "처형"El 3 de mayo en Madrid o "Los fusilamientos">이라는 작품이 더 유명하다. 아마도 독자께서는 마드리드의 프라도 미술관에서 한 번쯤 보셨을 것이다. 스페인 독립전쟁 시절 나폴레옹 군인들이 스페인 민중들의 봉기를 진압하던 장면을 묘사한다. 이 그림은 위에서 살펴본 <전쟁 장면Escena de guerra>과 완전히 같은 구도로 그렸다. 오른쪽에는 총을 쏘는 사람을, 왼쪽에는 처형당하는 사람을 배치했다. 비슷한 시기에 그렸지만, 화풍은 사뭇 다르다. <전쟁 장면Escena de guerra>이라는 그림은 마치 급하게 스케치 화풍으로 그린 듯하지만, <1808년 5월 3일 또는 "처형"El 3 de mayo en Madrid o "Los fusilamientos">이라는 작품은 프랑스 군인들과 겁에 질린 스페인 민중들의 표정까지 세세히 묘사하고 있다.

역시 그림은 어렵다. 하지만, 재미있다. 공부하고 알고 보면 더 재미있다. 필자가 프라도 미술관을 갈 때마다 느끼는 점이다.

• <마누엘라 카마스와 데 라스 헤라스> 1786

● <칼을 가는 남자> 1808~1812

• <전쟁 장면> 1808~1812
•• <1808년 5월 3일 또는 "처형"> 1814 Museo Nacional del Prado 소장

스페인의 궁정화가 ②

그리스 사람
엘 그레코

 엘 그레코El Greco는 특이하게도 스페인에서 활동한 그리스 태생의 화가였다. 1577년 당시 스페인의 수도였던 톨레도로 이주하여 펠리페 2세의 후원을 받아 궁정화가로 활동하였다. 스페인 르네상스 화풍을 이끈 화가로 알려져 있다.

엘 그레코는 당시의 궁정화가들처럼 종교화를 많이 그렸다. <참회하는 마리아 막달레나Santa María Magdalena>에서는 전직 창녀였던 막달레나가 광야에서 죽음과 불멸에 대해 묵상하며 개종하는 순간을 묘사한다. 상반신을 반쯤 드러내 에로틱함을 나타내지만, 배경으로 비치는 눈부신 광선이 그녀를 순결하게 정화하고 있다. 이 세상의 절멸을 상징하는 '해골'을 손에 잡고 있지만, 그녀의 뒤에는 영생을 상징하는 '담쟁이덩굴'이 하늘을 향해

뻗어 있다. 생生과 사死가 한 공간에 있다. 달빛이 비치는 차갑고 창백한 색조로 그려진 새벽 풍경은 영적인 카타르시스의 경험을 섬세하게 나타낸다. 또 다른 유명한 종교화 작품으로 <수태고지 受胎告知 The Annunciation>가 있다. 엘 그레코는 여러 편의 수태고지를 그렸다. 하지만, 부다페스트에 소장된 이 작품의 색감이 독특하다. 이 작품은 가브리엘 대천사가 성모 마리아 앞에 나타나 그녀가 예수 그리스도를 잉태하고 낳을 것이라고 알리는 신약 성서의 중요한 순간을 묘사한다. 후기 르네상스 화풍인 엘 그레코의 독특한 스타일은 길쭉한 인물 묘사와 함께 생생한 색상 팔레트 조합을 통해 분명하게 드러나고 있다. 신성한 계시를 받는 이 장면에서 마리아는 가브리엘로부터 이 특별한 메시지를 받을 때 은혜와 겸손으로 서 있다. 성령이 그녀 위에 떠다니고, 빛의 광선은 그녀의 주변을 밝게 비추고 있다.

엘 그레코는 시대를 앞서간 화가였다. 티센 보르네미사 미술관에 소장된 <무염시태 La Inmaculada Concepción>를 보면 20세기 이후의 그림이라고 해도 전혀 어색하지 않을 만큼 어둡고 기괴한 색감이 특징이다. 엘 그레코는 작품의 형태보다 색色을 더 우선시한 화가였다. 차가운 색감과 색감의 대조를 통해 나타나는 뚜렷한 형태가 스페인에서 그가 그렸던 화풍의 특징이었다. 시대를 앞서간 그리스 태생의 천재 화가는 스페인의 또 다른 천재 화가를 낳았다. 엘 그레코의 이러한 색감은 피카소의 '청색 시대' 화풍에 영향을 미쳤다. 피카소가 <아비뇽의 처녀들>을 그릴 때 엘 그레코의 색조와 입체감에 영향을 받았다고 알려져 있다.

• 엘 그레코 <참회하는 마리아 막달레나> 1576~1577

● 엘 그레코 <수태고지> 1595~1600

• 엘 그레코 <무염시태> 1608~1614 Museo Nacional Thyssen-Bornemisza 소장

메리다

/

한 달 살기 해보고 싶은
2000년 역사 도시

쾌적한 기후와 우수한 지정학적 위치에 있는 곳은 사람들이 탐낸다. 스페인의 메리다가 그런 곳이다. 메리다 시의 기원은 BC 25년으로 거슬러 올라간다. 로마 황제 아우구스투스는 지금의 스페인 지역인 루시타니아 지방에 '에메리투스 아우구스타Emeritus Augusta' 라는 식민지를 세웠다. 그 당시 이상향이었던 로마를 모델로 본떴다.

메리다는 과거와 현재가 공존하면서 숨 쉰다. 메리다에 가면 2000년 전 로마의 유적이 지금도 실생활에서 사용되고 있어 놀랍다. 로마 시대를 재현한 거대한 옥외 박물관이다. 그중에 압권은 구아디아나 강을 가로지르는 로마교이다. 사람들이 이 다리를 건너 바쁘게 도시 사이를 오간다. 이 다리는 길이 792미터, 총 60개의 아름다운 화강암 아치로 만들어졌다. 고풍스

● 메리다의 로마교

러운 화강암의 예술미가 돋보이며, 특히 인공조명에 빛나는 밤의 로마교는 물 위에서 춤추는 환상적인 조각품이다.

2000년의 역사가 함께 있는 또 다른 신기한 모습을 카메라에 담았다. 로마 시대에 도시에 수돗물을 공급하던 수도교 유적 옆으로 스페인이 자랑하는 자국산 고속열차인 AVE가 지나가고 있었다.

2000년 넘은 로마 유적은 곳곳에 있다. 도시의 동쪽 중심에 터를 잡은 메리다의 원형극장도 BC 15년경에 지어졌다. 6천석 규모의 원형극장은 돌기둥으로 만들어진 2층 구조로 지어졌다. 이 원형극장에서는 1930년대부터 고전 연극 축제를 개최하면서 아직도 그대로 사용하고 있다니 로마인들의 건축 기술에 다시 한번 감탄한다. 바로 인접한 원형 경기장은 기원전 BC 8년 검투사 대회를 위해 지어졌다. 영화 '글레디에이터'에 나온 것과 같은 모습이다. 1만 4,000석 규모의 아름다운 타원형으로 만들어졌다.

우리에게 잘 알려진 로마 유적 이외에도 다이애나 신전, 포럼 등 공공 건축물과 정수 및 폐수 시스템 등도 그대로 남아있다. 물론 유적 중에는 그 당시의 일상생활을 대표하는 카사 델 안피테아트로Casa del Anfiteatro, 까사 바실리카Casa Basílica, 까사 델 미트레오Casa del Mitreo처럼 개인의 주택들도 있다.

• 메리다 로마 원형 경기장
•• 메리다 로마 원형극장과 메리다 다이애나 신전

메리다는 로마 시대 이후에도 여러 역사적 흔적을 남겼다. 가톨릭 히스파니아 교구의 수도였고, 게르만 민족인 수에비족과 서고트족의 왕족이 한동안 지배하기도 하였다. 서고트Visigoth 시대의 강화된 성벽도 남아있다. 세월이 더 흘러 아랍의 지배를 받게 된 메리다는 톨레도, 사라고사와 함께 이베리아반도를 지배한 무슬림 왕국인 알 안달루스Al-Andalus의 세 국경 수도 중 하나였다. 이슬람 시대의 성城인 알카사바Alcazaba과 알히베물탱크가 그 당시 시대 모습을 말해준다.

메리다는 앞에서 이야기한 여러 유적 때문에 1993년 유네스코에 의해 세계유산도시로 지정되었다. 메리다에서 로마시대의 유적만 구경해도 하루는 훌쩍 지나간다. 메리다는 잘 보존된 이러한 고고학 유적들 덕분에 로마 시대 이후 2000년 동안 유럽의 도시가 어떻게 바뀌어왔는지 그 모습을 그대로 간직한 박물관 도시가 되었다. 짧은 여행으로 둘러보기에 아쉽다면 천천히 머물고 살며 역사 속으로 들어가 보시라.

• 알카사바 지하에 있는 알히베. 알 안달루스 이슬람 왕국 시절의 성이었던 알카사바
  지하에는 수도를 끌어와 지하에 저장하여 사용하던 물탱크가 그대로 남아있다.

•• 밀라그로스 수도교 유적. 로마 시대에 만들어진 수도시스템인 수도교 옆으로
  스페인의 고속열차인 AVE가 지나가고 있다. 2000년의 역사가 공존하는 순간이다.

알리칸테

/

시간이 지나도 한결같은
지중해 도시

알리칸테는 이베리아반도 동부 해안에 있는 아름다운 항구 도시로 한국인에게 많이 알려지지 않았다. 필자가 스페인에서 공부할 때 홈스테이 아줌마 마리아 가족네와 함께 여름휴가를 갔던 곳이다. 알리칸테는 강렬한 태양과 해변, 깨끗한 지중해, 평화롭고 조용한 산책로, 플리마켓에서 물건값을 깎아주던 인심 좋은 사람들이 기억난다. 더구나 미로처럼 구불구불한 마을 골목을 걷다 보면 집주인들이 지나가는 사람들에게 감상하라고 화분 여러 개를 하얀 벽과 문 앞에 걸어 놓을 줄 아는 여유와 배려도 참 좋았다.

이렇게 알리칸테는 스페인 사람들의 여름철 숨은 휴양지이다. 역사적으로는 지중해와 가장 가까워 지중해 문명이 흘러든 곳이다. 페니키아인, 그리스인, 로마인, 그리고 나중에는 아랍인이 차례대로 새로운 무역로를 찾아 이곳으로 왔다. 그들을 따라 다양한 문화도 꽃피우게 된다.

도시에서 가장 눈에 띄는 곳은 산타바르바라 성城이다. 버스를 타고 산타바르바라 성에 올랐다. 성은 도시에서 가장 높은 산인 몬테 베나칸틸의 기슭에 있다. 이 산은 해발고도가 낮지만, 도시를 내려다보는 웅장한 암벽으로 되어있다. 산타 바르바라라는 이름은 카스티야 왕국의 알폰소 왕자가 성聖 바르바라의 날인 12월 4일에 이슬람 군대로부터 뺏었기 때문에 붙었다. 17세기 이후 여러 차례 전쟁을 거쳤지만 살아남았고, 1963년에 복원되어 공개되었다. 성은 세 구역으로 나뉜다. 오래된 예전 요새가 있는 토레타, 펠리페 2세의 홀과 다른 주요한 건물이 있는 중간 구역, 그리고 18세기에 지어진 레벨린 델 본 레포스를 포함한 하부 구역이다.

투박해 보이는 성 위에 오르면 지중해의 푸른 바다가 펼쳐진다. 지중해가 파노라마로 내 품에 안긴다. 마침 비가 오고 구름이 끼어 약간 아쉬웠지만, 도시는 본디 연한 파스텔 색조 하늘을 머리에 이고 있다. 눈을 감고 양팔을 벌리면 시원한 바람이 내 몸을 기분 좋게 감싸 돌아나간다. 인증사진 남기는 것도 중요하지만 눈으로 내 마음속에 담아가는 것이 훨씬 더 낫다고 느낄만큼 아름다운 스폿이다.

지중해의 푸른 빛이 충분히 내 눈을 즐겁게 할 무렵 요새 아래에 있는 구시가지로 자연스레 눈길이 옮겨진다. 이 오래된 성벽 도시는 좁은 골목으로 다닥다닥 연결되어있다. 아기자기한 집과 카페가 모여있는 산타 크루즈 지구El Barrio de Santa Cruz로 걸음을 옮겼다. 알리칸테에서 가장 예쁜 거리라고 할 수 있다. 가파른 언덕길 계단을 오르면서 작은 집들과 예쁜 바와 카페를 구경하는 재미가 있다. 다닥다닥 붙은 집들은 개성 가득한 주인들의 취향에 따라 파스텔 색조 색으로 꾸며져 있고, 집 대문 앞에는 작은 식물이 자라는 화분을 소담스럽게 놓았다. 전형적인 스페인의 여유를 느껴 볼 수 있는 풍경이다. 근사한 카페나 바가 나오면 커피를 마시거나 계단에 걸터앉아 사진을 찍다 보면 금방 시간이 간다.

알리칸테는 다양한 입맛을 돋우는 현지 쌀 요리로도 잘 알려져 있다. 생선 밥인 아로즈 아 반다arroz a banda, 오징어 밥 아로즈 네그로arroz negro 등 한국인 입맛에도 잘 맞아 시장기를 잠재우기에 좋으니 꼭 도전해보시기를 추천한다.

● 산타 바르바라 성 전경과 내부 박물관

지중해와 알리칸테 도시 전경

• 아기자기한 집과 카페가 미로처럼 숨어있는 산타 크루즈 지구

세비야 ①

스페인의
황금시대를 연 도시

세비야는 2000년 전 로마 시대 도시인 히스팔리스에서 시작되었다. 로마의 통치에 이어, 5세기와 6세기에 반달족, 수에비족, 서고트족의 지배를 거쳐 8세기에는 무어인의 수중에 들어갔다. 13세기에 이르러서야 카스티야 왕국이 되찾아올 수 있었다.

세비야는 이베리아반도의 남쪽에 있는 스페인의 황금시대Siglo de Oro를 열었던 도시이다. 콜럼버스가 신대륙을 탐험한 후, 스페인은 1503년 신대륙과의 무역을 담당하는 국가기관인 카사 데 콘트라타시온Casa de Contratación의 본부를 세비야에 두게 된다. 이를 통해 세비야는 스페인이 신대륙과의 무역에 대한 왕실 독점권을 부여받은 유일한 항구가 되었다.

● 세비야 대성당

● 세비야 대성당 내부

그곳에서 가지고 온 금, 은 보화 덕분에 스페인의 전성시대인 황금시대가 열리게 되었다. 오직 세비야의 내륙 항구에서 출발하고 돌아오는 범선만이 신대륙과의 무역에 참여할 수 있었기 때문에 모든 유럽의 상인들은 신세계로부터 오는 상품을 얻기 위해 세비야에 머무르게 되었다. 이때 도시의 인구는 유럽대륙에서 전례를 찾을 수 없었을 정도인 10만 명을 넘어설 정도로 번성하게 된다.

이처럼 역사적으로 찬란했던 세비야였기에 도시에는 많은 웅장한 흔적을 남겼다. 구시가지의 중심부에 가보았다. 트리운포 광장에 서면 웅장한 세 개의 유네스코 세계유산이 우리를 맞아준다. 가장 먼저 눈에 띄는 곳은 세비야 대성당이다. 세계에서 가장 큰 고딕 양식의 세비야 대성당은 크리스토퍼 콜럼버스의 유해가 안장된 곳이기도 하다. 대모스크 시절의 흔적이 아직 남아있는데, 대성당의 북쪽에 있는 실내 정원인 오렌지 정원Patio de los Naranjos이 이슬람 때 만들어진 이래 그대로 보존되어 있다.

성당의 입구 오른쪽에는 히랄다 탑이 있다. 원래 이 탑은 이슬람 모스크에서 가장 높이 세우는 첨탑인 미나렛minaret이었다. 스페인과 미국에서 수많은 탑을 짓는 데 영향을 준 히랄다는 알모하드 건축의 걸작이다. 1248년 세비야를 가톨릭이 재정복한 후에 탑을 허무는 대신 종탑으로 만들었다. 기독교 신앙을 상징하는 청동 조각상을 97m가 넘는 높이의 탑에 장식하였다.

● 히랄다 탑

발걸음을 돌리면 세계에서 가장 오래된 궁전 중 하나이자 여전히 사용되고 있는 레알 알카사르Real Alcázar에 이른다. 중세 시대에 세비야를 통치했던 알-안달루스의 우마이야 왕조가 왕궁으로 세웠다. 가장 최근인 1995년에는 카를로스 전 국왕의 아들 결혼 연회가 열리기도 하는 등 지금까지도 스페인 왕실에서 왕궁으로 사용하고 있다.

세비야에는 오래된 건물만 있는 것은 아니다. 세비야 시는 최근에 '세비야의 버섯'세타스 데 세비야을 지었다. 버섯 모양의 목조 구조물은 25m 높이까지 걸어갈 수 있도록 설계되어 도시를 한 눈에 내려다볼 수 있게끔 하였다. 마지막으로 세비야를 즐기는 유용한 팁 하나를 알려드린다. 도시 곳곳에 있는 마차인 칼레사를 타고 석양 무렵의 도시를 둘러보는 것이다. 트리운포 광장을 거쳐, 세비야 대성당과 마리아 루이사 공원까지 간다.

● 알카사르 전경과 내부 모습

206

● 세비야의 버섯

세비야 ②

/

일상 속 문화와 예술이
깃든 도시

• 세비야의 이발사 오페라 장면 The Metropolitan Opera 제공

우리에게 귀에 익은 로시니의 <세비야의 이발사>의 배경 도시가 되는 곳. 오늘은 이곳에 사는 사람들 속 문화와 예술 이야기로 들어가 본다. 세비야는 이베리아반도 남부의 대중적 전통을 간직하고 있다. 세비야는 안달루시아 주의 플라멩코 쇼의 본고장이다. 공연은 플라멩코 쇼를 하는 전용 식당인 '따블라오'나 집시들이 공연하는 바위 토굴인 '뻬냐'에 가서 봐야 제맛이다. 필자가 대도시인 마드리드나 바르셀로나에서 즐긴 플라멩코 공연은 뻬냐에서 본 감동에는 한참 못미쳤다. 좀 특별한 플라멩코를 보려면 4월 세비야의 부활절쯤에 방문하시라. 16세기부터 기념해 온 부활절 주간에는 종교적 인물에게 바치는 플라멩코 노래인 '사에타'를 부른다. 즉흥적 인 무반주 노래로 안달루시아 민속음악에 가깝다. 들어보면 독특하고 구슬프다.

세비야의 스페인 광장으로 가보았다. 이곳은 1929년 개최된 이베로아메리카 박람회장으로 사용하기 위해 만들었다. 약 100년 전에 만들어져 역사는 길지 않지만, 스페인에서 아름다운 광장으로 손꼽힌다. 우리나라 여배우 김태희 씨가 빨간 플라멩코 드레스를 입고 춤을 추던 LG전자의 싸이언 핸드폰 광고를 찍은 곳이다. MZ세대 이전 피처폰을 쓰던 독자들께서는 기억하시리라. 광장 중심의 분수대를 둘러싸고 원형으로 설계되었다. 웅장한 안달루시아주 청사 등 관공서가 광장을 휘감고 있다. 광장을 따라 인공수로를 만들어 놓아 시민들과 관광객들이 놀잇배를 저으며 유유자적하는 모습이 정겹다. 세비야는 도자기 공예로도 유명하다. 광장에는 스페인의 58개 도시의 휘장과 역사를 도자기 타일로 정교하게 만들어 놓은 타일 벤치가 있다. 앉아서 사진을 찍으면 예쁘게 나온다. 핫 스폿이니 놓치지 마시길 바란다.

스페인 광장에서는 지난 회에서 이야기한 전통 마차인 '칼레사'를 탈 수 있다. 마차를 타면 도시 곳곳과 주요 관광지를 느긋하게 둘러볼 수 있으므로 시간이 있으면 한번 타볼 만하다.

스페인 광장에서 조금 더 발걸음을 옮기면 오늘날 세비야를 있게 한 사람을 기리는 기념물이 있는데 놓치지 말아야 한다. 크리스토퍼 콜럼버스 기념탑이다. 스페인에는 마드리드, 바르셀로나 등 여러 곳에 콜럼버스 기념탑이 있다. 필자는 스페인의 어느 지방을 가든지 콜럼버스 기념탑은 꼭 가본다. 스페인의 국부와 국모는 페르난도 왕과 이사벨라 여왕이었다. 이들이 무슬림으로부터 국토를 되찾아 가톨릭 왕국으로서 정체성을 확고히 세웠다. 이사벨라 여왕은 산타페 항복을 통해 콜럼버스의 신대륙 탐험을 후원하여 스페인의 황금시대를 열었다. 무적함대인 '아르마다 인벤시블레 Armada Invencible'를 가진 해가 지지 않는 나라인 강대국 스페인을 만든 초석을 놓았다. 위대한 선각자들이 잘사는 나라를 만든다는 것은 동서양과 고금을 막론하고 변함없는 사실이었다.

- 세비야 광장, 유유자적 배를 타고 있는 시민과 관광객들
•• 세비야 스페인 광장 사이의 다리로 플라멩코 옷을 입은
  여인이 지나가고 있다.

● 전통 마차인 칼레사를 타는 관광객

● 콜럼버스 기념탑

212

세비야 ③

혁신적인 바로크 궁정화가
무리요의 고향

 오늘은 현지인들의 삶 속으로 들어가 본다. 세비야 사람들의 생활양식을 보려면 산타크루즈 지구로 가야 한다. 이곳은 세비야의 중심지에 자리 잡은 역사지구이다. 중세 유대인이 세운 정착촌이 이 지역의 시초이며, 이후 유대인 집중 거주 지역으로 번성했다. 안달루시아주 고유 양식의 고풍스러운 주택, 많은 역사적 건축물, 좁고 미로처럼 얽혀 있는 거리, 옛 모습 그대를 간직하고 있다. 주민들의 생활 중심지 역할을 하는 크고 작은 많은 광장 등이 어우러져 과거 세비야의 낭만적인 분위기가 그대로 남아 있는 독특한 곳이다.

스페인은 한 집 건너 바가 있다고 할 정도로 다양한 바가 있다. 바는 가장 스페인 스러운 곳이다. 바에는 사람들이 몰려 있고, 대화가 있다. 다소

수다스러워 보이지만 그만큼 스페인 사람들이 정신적으로 건강한 이유이다. 필자는 어느 도시를 가든 하루에 2-3번씩 바에 들러 커피를 마신다. 바마다 자신만의 비법으로 만든 타파스를 내놓는다. 세비야 사람들은 그 타파스와 와인 맥주를 시켜놓고 내려 쬐는 강렬한 태양을 즐기고 있다. 메뉴판을 보니 절인 생선인 페스카이토, 작은 속을 채운 롤, 달팽이 요리, 피노화이트 와인나 만사니야달콤한 와인가 있다. 이곳에 오면 꼭 맛보시길 바란다.

기운을 충전해서 다시 발걸음을 옮겼다. 무리요 공원Jardines de Murillo이 나온다. 이곳은 세비야태생의 궁정화가인 바르톨로메 에스토반 무리요Bartolomé Esteban Murillo를 기리는 곳이다. 유대인 빈민가에서 성장한 무리요는 또 다른 궁정화가이자 거장인 벨라스케스의 밑에서 그림을 배웠다. 바로크 거장으로 스페인의 라파엘로라고 불린다.

우리에게 잘 알려진 그의 작품은 종교화인 <존자의 무염시태 The Immaculate Conception of Los Venerables>이다. 성모 마리아가 파란색과 흰색 옷을 입고 가슴 위에 손을 얹고 달 위에 서서 하늘을 바라보는 무염시태를 표현하고 있다. 빛과 구름과 천사들로 가득 찬 천상의 공간 중간에 마리아를 배치하는 구도와 승천하려는 모습이 특징적이다. 무염시태 교리는, 성모 마리아가 원죄 없이 잉태되었다는 가톨릭의 교리이다. 스페인에서의 무염시태라는 그림이 가지는 의미는 크다. 스페인에서는 다른 곳에서 19세기에 이르러서야 인정받은 수태주의 신앙을 200년 전부터 교리로 고수

● 산타크루스 지구 카페에서 망중한을 즐기는 스페인 사람들. 벽에는 빨간 꽃 화분을 매달아 놓았다. 이처럼 스페인 사람들은 화분이나 식물로 자기 집을 꾸미는 데 열성이다.

• 산타크루스 지구 전경
•• 무리요 공원 입구 표지판

해 왔기 때문이다. 이러한 영향 때문인지 무리요는 평생 20여 점의 무염시태 그림을 그렸다. 당시의 다른 스페인 화가들보다 더 많은 숫자를 그렸다.

무리요는 종교화 말고도 일상화도 그렸다. 유명한 작품 중 하나는 <어린 거지>이다. '이가 난 소년'으로도 알려진 이 작품은 세비야 거리의 고아가 이를 잡는 모습을 묘사하고 있다. 석양 무렵 햇살과 그림자의 대조를 사용하였다. 소년의 발 앞에 놓인 몇 개의 새우 껍질이 소년이 마지막으로 무엇을 먹었는지 알려주고 있다. 가난에 대한 사실적 묘사를 하고 있다.

세비야 시는 거장 무리요를 기리기 위해 2017년을 '무리요의 해'로 지정하고 1년 동안 기념 사업을 가졌다. 산타크루즈 지구 내에 있는 카사 데 무리요는 무리요가 말년에 지낸 곳을 생가박물관 형식으로 꾸며놓았다. 사람은 죽더라도 예술혼은 그대로 남는다.

• 무리요 <존자의 무염시태> 1660~1665 Museo del Prado 소장

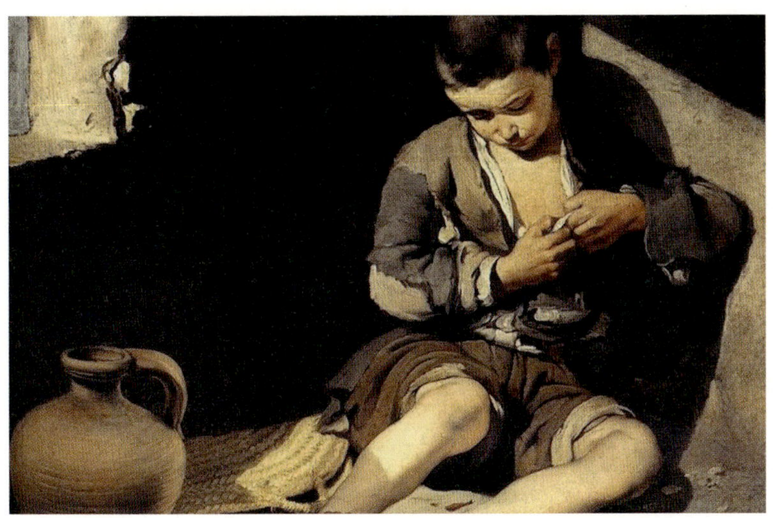

무리요 <어린 거지> 1645 Musée du Louvre 소장

빌바오

옛것과 새것이 조화된
유네스코 디자인 창조도시

빌바오는 원래 철강과 조선 등 산업 도시로 유명했다. 번성했던 제조업이 몰락하자 도시는 황폐해져갔다. 지금은 빌바오 하면 디자인과 예술 도시로 변모했다. 구겐하임 미술관 덕분이다. 1997년 예술가 프랭크 게리가 33,000개의 초박형 티타늄판을 사용하여 호기심 가득한 곡선을 만들었다. 번쩍이는 금속형 외관이 인상적이다. 20세기 건축의 놀라운 사례 중 하나로 꼽는다. 미술관의 매력은 아방가르드적인 외관과 구시가지의 전통적인 느낌을 결합한 데서 비롯된다.

현대적인 미술관 이외에 꼭 봐야 할 유네스코 세계유산이 있다. 비스카야 다리이다. 비즈카야 다리는 빌바오 서쪽, 이바이자발 강어귀에 있다. 바스크의 건축가인 알베르토 데 팔라시오가 설계하여 1893년에 완공되었다.

• 빌바오 구겐하임 미술관과 거미 조형물 마망

160m 길이의 45m 높이의 다리는 19세기 철공법과 당시 새로운 기술인 강철 로프를 사용하여 만들었다. 사람과 자동차를 높이 매달린 곤돌라로 운반한 세계 최초의 다리였다. 실제 올라가서 다리를 건너다보면 높은 곳에서 바라보는 푸른 강물 때문에 조금 무섭기도 하다.

아스쿠나 센터도 매력적인 현대 건축물이다. 프랑스 건축가 필립 스탁이 재설계한 이후 빌바오의 상징적인 건물로 자리 잡았다. 43개의 기둥으로 세워진 세 개의 건물 안에는 강당, 전시실, 다목적 공간, 영화관, 스포츠 센터, 레스토랑 등이 있다.

가장 전통적인 건축물도 있다. 14세기에 지어진 빌바오 대성당Catedral de Santiago은 바스크 고딕 예술의 가장 완벽하고 완벽한 건물 중 하나이다. 4개 구역에 3개의 본당이 있다. 아래쪽 본당의 단면은 정사각형이고 주 본당의 단면은 직사각형으로 되어 있다. 메인 본당은 22.5m 높이를 자랑하는데, 전형적인 고딕 양식의 측면 본당보다 훨씬 높은 편이다. 바스크 지방의 고딕 양식을 잘 말해주는 건물이다.

구겐하임 미술관에서 시작한 빌바오 투어는 빌바오 대성당에서 끝난다. 옛것과 새것이 오묘한 조화를 이루는 매력적인 도시다. 스페인 북부를 여행하는 분들이시라면 꼭 가보기를 추천 드린다.

● 빌바오의 비스키야 다리와 상공에서 바라본 광경

- 빌바오 시내에 있는 아스쿠나 문화센터
•• 빌바오 아스쿠나 문화센터 내부에서 바라본 입구(왼쪽).
  아스쿠나 문화센터는 문화센터 답게 수영장과 같은
  시민들을 위한 휴식 공간이 많다.(오른쪽)

● 빌바오 대성당

산토 도밍고 데 실로스

중세의 열정과
영적인 기운이 서린 마을

• 엘 그레코 <기도하는 산토 도밍고(성 도미니크)> 1605
Museum of Fine Arts Boston 소장

산토 도밍고 데 실로스는 스페인 북부 부르고스 옆 작은 마을이다. 여기에서 가장 유명한 곳은 산토 도밍고 데 실로스 수도원이다. 1000년 된 담장과 돌로 된 길을 굽이 굽이 돌면 수도원 입구가 나온다.

이 수도원은 게르만의 일파인 서고트족이 7세기 경 세웠으나 아랍인들의 정복과정에서 파괴되었다. 그 후 가톨릭 사제이자 성인 산토 도밍고가 11세기 이후에 재건하였다. 성인 산토 도밍고는 자신의 이름을 딴 도미니크 수도회를 열었는데, 사람들의 자비를 통해 음식을 얻으며 수도생활을 하는 탁발을 생활화하였다. 산토 도밍고는 기도 중에 환상 속에서 묵주를 계시받고, 이를 처음으로 사용하였고, 가톨릭에서 지금도 종교행사에 널리 쓰이게 되는 계기가 되었다.

산토 도밍고는 스페인의 궁정화가 엘 그레코가 가장 좋아하는 주제 중 하나였다. 이 초상화에서 엘 그레코의 정제된 구도와 특유의 어두운 색감이 돋보인다. 산토 도밍고가 십자가 앞에서 엄숙하게 무릎을 꿇고 있는 영적인 강렬함이 느껴진다.

건축학적으로 가장 중요한 부분은 맨 아래층에 있는 로마네스크 양식의 회랑이며, 다양한 주제를 묘사한 다양한 조각품이 이중 기둥 위에 놓여 있는 아름다운 기둥머리가 있다. 기둥머리는 용, 켄타우로스, 격자, 인어 등

• 산토 도밍고 데 실로스 수도원 가는 길과 입구에 있는 안내 표지판

을 상징하는 상징물들로 만들어져있다. 이 회랑의 모서리에는 예수 그리스도의 삶의 장면을 묘사한 8개의 부조가 새겨져 있다. 더불어 천장에는 중세의 일상 생활을 묘사하는 14세기의 무데하르 양식으로 장식되어 있다.

지금의 회랑에는 아쉽게도 무슬림이 만든 정원이 없어졌고, 잔디를 심었다. 사이 사이에 프랑스 베네딕토회 수도사 중 한 명이 1882년에 심었다는 사이프러스 나무가 유명하다.

이 수도원은 당시 은둔형 수도생활의 중심지이자 중세에 그랬듯이 식물학과 의학 지식의 요람이기도 하였다. 지금도 그 당시 쓰였던 약국 건물이 그대로 남아 위대함을 말해준다.

이 위대한 종교적인 걸작을 지은 산토 도밍고는 수도원 내 바위에 새겨진 석관에 영원히 잠들어 있다. 그리고 이 수도원은 스페인을 무슬림으로부터 되찾은 구국의 영웅인 엘 시드가 땅을 기부하였을 정도로 그 영적인 기운이 넘치는 곳이다. 영적인 기운을 받고 싶은 분은 꼭 한번 방문하시길 바란다.

• 산토 도밍고 데 실로스 수도원 안마당과 1층 회랑 모서리에 있는 예수 부조상

• 회랑의 천정에는 전형적인 무데하르 양식의 격자무늬가 있다.

• 수도원 회랑과 안마당
•• 수도원 내 약국 건물

사프라

중세로 가는
타임머신 도시

● 사프라 파라도르 중앙 내부에 있는 장방형의 파티오

 영화에 나오는 중세 마을이 실제로 어떤 모습인지 궁금하지 않은가? 그렇다면 이곳을 가야 한다. 사프라는 스페인의 남서부 지방에 있는 인구 16,000여 명의 한적한 마을이다. 마을의 기원은 고대 로마 시대로 거슬러 올라간다. 로마인이 에스파냐를 침공한 시절인 로마 히스파니아 시절에 로마인들은 에스파냐 전역을 연결하는 거대한 도로망인 '비아 데 플라타 銀의 길'를 개척했다. 도로가 이 도시를 감싸듯 지나가면서 마을이 처음 만들어졌다.

그 후 15세기 무어인들이 이곳을 지배하게 되면서 지금의 도시 모습을 갖추게 되었다. 무어인들은 당시 만연했던 침략과 전쟁에 대비하기 위해 사프라 알카사르 성城을 먼저 짓고 성벽을 둘렀다. 성벽을 끼고 마치 거북이 껍질 모양처럼 좁은 거리가 만들어졌다. 지금도 15세기의 돌담이 여전히 마을을 완전히 둘러싸고 있으며, 성城의 8개의 문 중 3개가 여전히 그대로 있을 정도로 보존 상태가 우수하다. 무어인들이 아프리카로 돌아간 이후에는 페리아Feria 공작 가문의 성으로 사용되었다. 사프라 성벽과 문, 거리, 광장 등의 구역은 국보급 문화재에 붙이는 등급인 BICBien de Interés Cultural을 받았을 정도로 국가에서 심혈을 기울여 관리하고 있다.

사프라 성 위에 올라 성벽을 따라 걸어 보았다. 도시가 한눈에 들어온다. 마치 타임머신을 타고 마치 중세에 온 것 같은 착각이 든다. 거리는 거북이 등껍질처럼 꼬불꼬불하다. 집은 나지막하며, 마을 곳곳이 정겹다. 시간에 멈춘 듯한 곳에서 망중한을 제대로 즐긴다.

사프라 성은 보존 상태가 좋아서 내부 리모델링을 거쳐 지금은 국영 호텔인 파라도르 호텔 체인으로 사용하고 있다. 시간 여유가 된다면 하룻밤 묵어가도 좋으리라.

저녁 무렵에는 마을에서 가장 대표적인 길인 칼레 세비야를 걸어보았다. 이곳은 마을 인구도 얼마 안 되고, 관광객들이 많지 않은 곳이라 그런지 저녁 무렵에도 한산했다. 아마도 스페인 사람들의 저녁은 9시나 되어야 시작되기 때문이리라. 필자가 새로운 스페인의 도시를 가면 늘 그랬듯이 깔끔해 보이는 한 바에 들어가서 타파스와 맥주를 마시는 것으로 시장기를 달렸다. 관광객들로 북적이는 스페인의 도시가 지겹다면 자은 소도시 사프라에 가보시라.

• 사프라 파라도르 성벽, 15세기에 만들어진 건축물이라고는 믿기 어려울 정도로 보존 상태가 양호하다.

• 사프라 파라도르 성 정문과 성 위에서 바라본 마을 모습. 저 멀리 라 칸델라리아 교회가 보인다.

• 사프라의 세비야 거리

발렌시아

파에야와 오렌지로 유명한 국제 교역의 중심지

 발렌시아. 마드리드와 바르셀로나에 이어 스페인에서 3번째로 큰 도시이다. 스페인 동부 지중해 연안에 접해 있어 해산물이 풍부해 파에야가 탄생했고, 세계적인 오렌지 산지이기도 하다. 연 평균 300일의 맑은 날씨를 자랑하는 모든 것이 풍요로운 곳이다. 그런만큼 예전부터 물류의 유통이 발달했다. 1996년 유네스코 세계유산에 등재된 실크 거래소로 발걸음을 옮겼다.

실크 거래소는 15세기에 지어졌다. 실크 거래소는 유럽에서 가장 아름다운 고딕 양식의 도시 건축 양식 중 하나로 손꼽힌다. 중세 성들과 비슷하게 요새 같은 외관을 하고 있다. 하지만, 실크 거래소 내부에 들어가면 더욱 웅장한 기둥과 천장 장식에 압도된다.

발렌시아 대성당으로 가보았다. 이 고딕 대성당은 발렌시아에서 가장 중요한 종교 건물이다. 성당은 이전 무어인들이 지배하던 시절의 모스크가 있던 자리에 지어졌다. 13세기에 짓기 시작하여 17세기에 완공되기까지 400년이 걸렸다. 성당은 고딕 양식이 두드러지지만 여러 건축 양식이 결합되어 있다. 내가 입장했던 철문Puerta de los hierros은 대성당을 구성하는 세 개의 문 중 가장 현대적인 모양의 문이다. 스페인에서 보기 드문 이탈리아 바로크 건축 양식을 따르고 있어 스페인에서 성행하던 건축 사조와는 대조적이었다.

성당을 돌아 나오면 또 다른 출입문인 사도들의 문이 나온다. 평상시에는 닫혀있어 관광객들이 들어갈 수는 없었다. 이 문은 원래 모스크 입구였던 곳에 지어졌다. 정면 위를 올려다보면 예수 그리스도의 12사도가 조각되어 있고 이들을 기려 사도들의 문이라는 이름을 붙였다.

마지막으로 미겔렛 탑쪽으로 가본다. 이 종탑은 발렌시아에서 가장 상징적인 기념물 중 하나이며, 대성당 정문 옆에 있다. 200여개로 이루어진 계단을 걸어 종탑의 꼭대기에 오르면 발렌시아 도시 전체와 비옥한 농경지의 탁 트인 전망을 감상할 수 있다. 최상층에는 둥근 창문이 있으며, 18세기에 지어진 종탑이 솟아 있다. 이 종탑에는 스페인에서 가장 큰 무게 7.5톤이 넘는 큰 종이 있다. 매 시간 정각에는 지금도 종이 울린다.

• 실크 거래소 내부 전경과 거래소 안에 있는
파티오 데 로스 나란호스(오렌지 나무 안뜰)

• 발렌시아 대성당 3개의 문 중 하나인 철문 입구
•• 발렌시아 대성당 주 제단

• 발렌시아 대성당 옆에 있는 미겔렛 탑
•• 발렌시아 대성당 사도들의 문

코르도바

/

안달루시아의 심장

• 로마 다리 전경

안달루시아의 심장이자 꽃의 도시 코르도바. 이 도시는 재스민과 오렌지 꽃향기가 항상 감돈다. 특히 봄에 가장 아름다우며, 5월은 코르도바의 다양한 전통 축제가 열린다. 꽃과 함께 안달루시아를 대표하는 것은 플라멩코다. 플라멩코는 18세기에 시작되었고, 안달루시아 민속을 가장 잘 상징하는 동시에 스페인에서 가장 유명한 예술 표현 형태이다. 2010년 유네스코 인류무형유산에 등재되었다. 플라멩코는 칸테라고 불리는 노래와 바일레라고 불리는 춤이 결합한 종합예술이다. 칸테는 플라멩코 기타 반주뿐만 아니라 캐스터네츠, 즉 '엘 카혼'이라고 불리는 타악기, 박수, 발꿈치로 박자를 맞춘다.

코르도바는 구시가지가 유네스코 세계유산으로 지정되었다. 구시가지에서 가장 유명한 것은 대모스크다. 코르도바의 역사적인 중심지에 있는 모스크 대성당은 스페인의 가장 아름다운 무슬림 예술 작품 중 하나이다. 785년 무슬림인 에미르 압둘라흐만 1세가 고대 서고트족의 산 비센테 교회 터에 건립했다. 이 모스크는 이후 여러 세기에 걸쳐 증축되었다. 압둘라흐만 3세는 새로운 첨탑미나렛을 건설했고, 961년 알-하캄 2세는 건축물을 더 확장하고 기도 공간인 미흐라브를 만들었다. 마지막 보수 공사는 987년 알-만수르 때였다. 이때 공사를 통해 내부는 이중 아케이드와 말굽 아치가 있는 아름다운 기둥을 추가로 건립하였다. 1523년 가톨릭이 코르도바를 정복한 후 이곳을 모스크에서 대성당으로 개조하였다. 무슬림 때 만든 미흐라브에 대리석으로 만든 비잔틴 모자이크로 추가 장식하였다.

모스크 대성당 바로 옆에는 구시가지 유네스코 세계유산에 포함된 로마 다리가 있다. 강과 코르도바 로마 다리가 있는 모스크 대성당의 전망은 코르도바에서 아름다운 광경 중 하나이다. 특히 해 질 녘에 방문하는 것을 추천한다. 마지막 햇살이 남아 돌 표면이 짙은 황금빛 붉은색으로 빛날 때 장관이다. 이 다리는 서기 1세기에 처음 지어졌지만, 그 이후로 여러 번 재건되었으며, 현재의 모습은 주로 중세 시대에 만들어졌고, 가장 최근의 개축은 1876년에 이루어졌다. 다리에는 16개의 아치가 있는데, 그중 4개는 뾰족하고 나머지는 반원형이다. 난간을 따라 한쪽 중간쯤에는 베르나베 고메스 델 리오가 만든 16세기 산 라파엘 동상이 있다.

1994년 유네스코 세계유산으로 지정된 유대인 지구로 발걸음을 옮긴다. 유대인 지구는 모스크 대성당 맞은 편에 있다. 유대인 거리는 그 초입에 있는 말부르게테 문에서부터 시작된다. 좁고 매력적인 골목길이 미로처럼 얽혀 있다. 유대인 지구는 성벽으로 둘러싸인 구역으로 도시의 나머지 부분과 분리되어 있다. 이는 유대인 지역의 주민들을 고립시키는 동시에 가톨릭인의 공격을 막아주는 역할을 하기도 하였다. 하지만 모든 유대인이 이 구역에 살았던 것은 아니었다.

유대인 지구 골목을 돌아보다 여유가 있다면 유대교 회랑인 시나고그에 방문하기를 권한다. 유대교 신도가 모이고 종교의식을 갖는 곳이다. 이 시나고그는 유대인 지구 중심부에 있고, 안달루시아 지역에서 유일무이한 건물이다. 스페인 전체에서도 톨레도와 함께 가장 잘 보존된 중세 시대 시나고그 세 채 중 하나이다. 이 건물은 1314년에서 1315년 사이에 건축되었다. 작은 안뜰은 좁은 현관으로 이어지고 오른쪽 계단은 여성 전용 구역으로 이어진다. 그 앞에는 직사각형 모양의 메인 홀이 있으며, 무데하르 양식의 식물 모티프로 장식되어 있다. 이후 알함브라 칙령에 따라 유대인들이 1492년에 추방되면서 이 건물은 처음에는 병원으로, 마지막으로 유아 학교로 사용되었다. 19세기 말에는 국립 기념물로 지정되었다. 즉 우리나라의 국보에 해당한다.

유대인 지구와 같은 구시가지에서는 타파스가 유명하다. 대표적인 타파스 종류는 살모레호차가운 토마토수프, 플라멩킨빵가루를 입혀 튀긴 돼지고기 롤, 꿀을 곁들인 가지, 만사모라차가운 아몬드 수프, 로스 페드로체스의 이베리아 햄, 수에로스의 치즈 등이 있다. 꼭 들러서 맛보시기를 강력히 추천한다.

● 코르도바 모스크 내부 전경

• 유대인 지구 골목

• 플라멩코 공연

유대인 지구 시나고그 내부 전경

론다

성채의 도시

● 론다 투우장 입구와 소 상징물

이 마을은 아주 오래되었다. 론다 인근에 있는 쿠에바 데 라 필레타Cueva de la Pileta 동굴에서 동굴 벽화가 발견되어 신석기 시대부터 사람이 살았던 것으로 추정된다. 이 마을은 100미터가 넘는 깊이의 협곡인 타호 델 론다를 중심으로 도시가 구성되었다. 이 도시는 켈트족, 페니키아인, 로마인, 아랍인들이 차례로 거주했고, 가톨릭 군주들이 재정복했다. 아랍 건축 양식과 중세 시대 배치를 떠올리게 하는 구시가지는 과달레빈 강의 남쪽에 펼쳐져 있다. 16세기 이후에 형성된 현대적인 도시 론다는 이 강바닥 북쪽으로 뻗어 있다.

론다는 '성채의 도시'라고 불린다. 천연 망루 위에 자리 잡고 있으며, 가장 접근하기 쉬운 곳은 성채로 가로막혀 보호받고 있다. 처음 마을이 형성되던 모습을 그대로 간직한 역사 지구는 스페인의 문화유산으로 지정되었다. 역사 지구로 들어가기 위해서 입구 중 한 곳인 펠리페 5세의 문 Puerta de Felipe V으로 가봤다. 역사 지구는 도로 바닥이며 벽, 그리고 기둥이 모두 그 당시 모습을 그대로 간직하고 있다.

론다는 3개의 유명한 다리가 있다. 아랍 다리, 구舊 다리, 신新 다리가 그것이다. 세 개의 다리는 100미터가 넘는 협곡을 가로지르며 도시의 반대편 끝으로 이어진다. 아랍 다리는 14세기에 건설되어 구시가지의 입구 역할을 했다. 구교Old Bridge는 지름 약 10미터의 아치 하나로 이루어져 있다. 하지만 그중에서도 가장 상징적인 것은 누에보 다리이다. 이 다리는 시장 주변

지역과 도시를 연결하는 거대한 공학적 작품이다. 18세기에 건설된 이 다리는 협곡 기슭에 기초를 놓고, 높이는 98미터, 길이는 70미터에 달한다.

론다는 투우의 발상지이기도 하다. 론다 투우장은 스페인에서 가장 오래되고 아름다운 투우장이다. 1785년 5월 박람회에서 개관했다. 신고전주의 양식이 뚜렷하게 드러나는 투우장에는 입구는 독특한 석조로 만들어져 있다. 관중석은 두 개의 층으로 나뉘어 있으며, 매끄러운 석조 기둥과 68개의 아치가 있다. 안장 모양의 지붕은 아라비아 타일로 마감되어 있다. 6,000명의 관중을 수용할 수 있는 이 투우장은 스페인에서 가장 큰 경기장 중 하나인데 지름이 60m가 넘는다. 론다 투우장은 여러 구역으로 나뉘어 있는데, 이 지역의 두 거장 투우 가문인 로메로 가문과 오르도네즈 가문에 헌정되기도 하였다.

론다 투우장에서 활동한 투우사 중에서 가장 유명한 사람은 페드로 로메로였다. 그는 18세기 스페인 론다 출신의 전설적인 투우사였다. 그가 활동한 기간인 28년간 무려 5,600마리의 소를 잡았다고 알려졌다. 투우에 사용되는 에스토케뾰족한 투우용 칼와 물레타소를 유인할 때 쓰는 붉은 천를 대중화한 사람으로 유명하다. 페드로 로메로는 헤밍웨이의 소설인『태양은 다시 떠오른다』에도 나온다. 소설에서 매력적인 투우사를 등장시켰는데, 그의 이름이 바로 페드르 로메로였다. 로메로는 이 소설의 여성 주인공인 브렛 애슐리가 사랑하는 인물 중 한 명으로 묘사된다.

론다는 헤밍웨이가 사랑한 곳이었다. 그의 작품인 '누구를 위하여 종은 울리나'에 론다의 여러 곳이 언급된다. 헤밍웨이는 론다에 살면서 이 소설을 썼다. 소설에서 등장하는 절벽에서의 처형 장면 역시 론다의 역사적 사실에 바탕을 두고 있다. 소설은 스페인 내전을 배경으로 하고 있으며, 론다는 당시 좌파와 우파의 격전지로 민족주의자들이 처형되기도 했던 곳이다. 소설 속 등장인물들이 우파 동조자들을 절벽에서 처형하는 장면이 묘사되는데, 이 역시 론다에서 실제 있었던 사건에서 영감을 받았다고 한다.

그런 만큼 론다에는 헤밍웨이의 이름을 딴 산책로가 있다. 파세오 데 어니스트 헤밍웨이 또는 어니스트 헤밍웨이 워크라고 불리는데, 실제로 헤밍웨이가 즐겨 걷던 곳이라고 한다. 타호 협곡의 아름다운 전망을 감상할 수 있는 이 코스는 절벽 위에서 내려다보는 낭만적인 풍경이 일품이다. 론다의 헤밍웨이 길에는 그를 기리는 조각상도 있다. 한적한 도시 론다와 어울리는 골목길 풍경이 정겹다. 시간 가는 줄 모르고 반나절이 훌쩍 지나갔다.

펠리페 5세의 문

- 론다 헤밍웨이 길
•• 페드로 로메로 상징석

● 누에보 다리

이은진의 에스파냐 이야기

스페인을 만나면 인생이 노래가 된다

초판 1쇄	2026년 1월 25일
지은이	이은진
책임편집	민규성
에디터	유민정 도이정 김혜림
디자인	김정아
마케팅	송유근
펴낸곳	라이트하우스인
펴낸이	조남규
주소	고양시 일산동구 정발산로 43-20 센트럴프라자 301
대표전화	031-815-8298
인쇄·제본	팩컴코리아
값	15000원
ISBN	979-11-993203-2-1
출판등록	제 2020-000108 호

라이트하우스인(LIGHTHOUSEIN)은
등대(LIGHTHOUSE)를 지키는 사람(人)과 등대 안(IN)을 뜻합니다.
어둠 속에서 길을 찾는 사람에게 밝은 빛으로 안내하는 등대처럼
출판·미디어 문화 속에서 빛과 같은 기업이 되겠습니다.
라이트하우스인은 좋은 글을 만드는 글방(WRITE HOUSE)을 지향합니다.
라이트하우스인은 세상에 유익한 콘텐츠를 만들어가는 바른 기업(RIGHT HOUSE)을 추구합니다.